LE MOUVEMENT OUVRIER INTERNATIONAL : UNE INTRODUCTION

Un guide concis des Organisations Syndicales Mondiales

Edd Mustill et Eric Lee

Version Française : Andy Funnell

ISBN-13 : 978-1496007858

ISBN-10 : 1496007859

CONTENTS

Note du traducteur :

Pour la lisibilité du texte, j'ai utilisé, dans la mesure du possible, les noms propres en Français avec leurs abréviations logiques. Celles-ci sont plus faciles à comprendre pour le syndicaliste francophone que les acronymes anglais, accessibles uniquement aux initiés, que certains organismes emploient dans leurs textes en Français. Dans les cas où aucun équivalent en Français n'est proposé par l'organisation elle-même, je l'ai traduit. Éventuellement, des notes de bas de page apportent des précisions.

A.F.

INTRODUCTION

Eric Lee, fondateur de LabourStart

Il y a deux choses que je ne m'attends pas à entendre dire quand les gens me parleront de ce livre.

La première, c'est : « Quoi ? Encore un bouquin sur le mouvement ouvrier international ? » Et la seconde, « Cinquante nuances de rouge aurait été un meilleur titre ».

Bien entendu, il y a d'autres livres à propos des internationales ouvrières. Moi-même, j'en ai plusieurs sur mes étagères et j'en ai vu d'autres dans les bibliothèques.

Mais je n'ai jamais vu un livre comme celui-ci, et certainement pas entre les mains des vrais adhérents de ce mouvement.

Nous avons besoin d'un guide présentant le mouvement ouvrier international pour la même raison que nous avons besoin du mouvement lui-même.

Nous avons besoin d'un livre comme celui-ci pour que nos membres puissent comprendre les défis auxquels notre mouvement fait face dans un environnement de plus en plus mondialisé.

Pour être honnête, cela me fait mal quand j'entends un syndicaliste, et parfois un responsable syndical, dire que nous avons besoin aujourd'hui de syndicats qui, comme les multinationales, ne reconnaissent pas les frontières ; ou que nous avons besoin d'un nouveau modèle de syndicalisme pour mobiliser les travailleurs autour du monde sur des intérêts communs.

Bien sûr, nous avons besoin de cela – mais je voudrais toujours répondre en disant que a) nous le savons depuis plus de 150 ans et la phrase « travailleurs du monde, unissez-vous » parle de cela, et b) il y a déjà un mouvement syndical international.

Ce n'est pas la peine d'en réinventer un, il suffit de rendre celui, existant plus fort et plus effectif.

Pas besoin d'être un intellectuel pour comprendre que nos institutions doivent être bien plus puissantes pour engager des multinationales comme WalMart, Mondelez ou ArcelorMittal. Mais pour convaincre les adhérents de nos syndicats que des instances internationales fortes sont une nécessité absolue, il faut encore qu'ils sachent ce qui existe.

Le fait est que nous avons des fédérations ouvrières internationales qui font un travail remarquable depuis plus d'un siècle, même si la plupart des adhérents des syndicats qui les composent, ignorent leur existence.

Et nous avons une confédération de toutes les centrales syndicales majeures dans ce monde, qui, incroyablement, est rarement mentionné lors d'un repas en famille.

Tout le monde a entendu parler des travaux exceptionnels d'Amnesty International qui participe souvent aux campagnes pour la libération de syndicalistes emprisonnés pour leur activité militante.

Il y a 40 ans, Amnesty inventait le concept « écrire pour la libération de prisonniers politiques », inondant les autorités des pays incriminés de lettres et cartes postales, cela bien avant l'arrivée d'Internet. Amnesty compte aujourd'hui quelques 3 millions d'adhérents. Mais pour chaque adhérent d'Amnesty, il y a une soixantaine de membres des syndicats composant la Confédération Syndicale Internationale (CSI).

Jamais entendu parler de la CSI ? Avec 175 millions de membres ? C'est pour cela que nous écrivons ce bouquin.

Mais avant de plonger dans le vif du sujet, je voudrais dire quelques mots concernant le passé, le présent et le futur du mouvement ouvrier international.

On pourrait argumenter qu'il est né en 1847 quand Marx et Engels ont terminé le fameux manifeste communiste avec ces phrases :

« Les prolétaires n'ont rien à perdre que leurs chaînes. Ils ont un monde à gagner. Prolétaires du monde entier, unissez-vous ! »

Évidemment, ils n'étaient pas les premiers à préconiser une telle chose et ils auraient reconnu que le mouvement syndical modern prenait racine dans des luttes antérieures. Mais depuis 1847 à ce jour, sous différentes formes, nous avons un mouvement syndical mondial.

La formation de l'Association Internationale des Travailleurs (baptisée « La Première Internationale ») en 1864 en fût un événement phare mais elle a disparu au bout de quelques années.

Ce qui est extraordinaire, c'est moins la disparition d'un organe comme la Première Internationale – ceux qui étudient l'histoire pourraient citer de nombreuses institutions ayant apparu puis disparu au cours du dernier siècle et demi – mais l'endurance des organisations que l'on appelle désormais les « Fédérations Syndicales Internationales ».

La Fédération Internationale des Ouvriers de la Métallurgie, qui en 2012 a fusionné avec deux autres fédérations pour devenir IndustriALL, a été fondée en 1893. La Fédération Internationale des Ouvriers du Transport, trois ans plus tard.

La FIOM et la FIOT veillent depuis 120 ans. D'autres fédérations sont nées peu de temps après.

La CSI retrace ses origines dans la Première Internationale, et en mai 2014, commémora le 150ème anniversaire de la fondation de l'Association Internationale des Travailleurs lors de son congrès mondial à Berlin.

Au cours de ces décennies, les noms ont changé, les idées ont changé, mais les syndicats perdurent et avec eux, leurs institutions internationales particulières.

Dans le langage commun, on dit souvent que l'on a besoin de quelque chose maintenant, plus que jamais. Les politiciens sont friands de cette expression. Mais quand il s'agit de syndicats mondiaux, c'est absolument vrai.

Lorsqu'en 1896, les ouvriers du transport ont imaginé leur fédération mondiale, ont-ils pu imaginer ce que serait l'industrie des transports au 21ème siècle ?

La FIOT fut fondée avant que Clément Ader ne fasse voler le premier engin « plus lourd que l'air ». A l'exception des bâtiments de la marine marchande, la plupart des réseaux de transport à l'époque étaient locaux ou nationaux.

En tant que Métallo en 1893, vous auriez pu être réticent à voir votre syndicat s'affilier, et payer une cotisation, à ce nouveau truc de « Fédération Internationale des Ouvriers de la Métallurgie ». Après tout, votre employeur était une entreprise locale ou nationale.

Mais aujourd'hui, si vous êtes employé par une multinationale d'automobiles japonaise implantée à Alliston (Canada) ou Valenciennes (France) qui refuse le dialogue social (mais accepte le fait syndical dans son pays d'origine), vous ressentez probablement davantage l'importance de la solidarité internationale que vos aïeux.

Bien sûr, ce n'est pas aussi simple. Les historiens du mouvement ouvrier seront les premiers à faire remarquer que l'idée d'une solidarité parmi la classe ouvrière était très partagée dans les années 1890. Il y a de nombreux récits de travailleurs d'un pays se regroupant pour soutenir leurs camarades à l'étranger, et ce, bien avant qu'on ne parle de « mondialisation ».

Une des particularités de notre époque est notre capacité en tant que mouvement, d'oublier tout cela à un moment où nous devrions être plus internationaliste que jamais.

Ce livre a également été écrit pour nous aider à nous remémorer qui nous sommes, d'où nous venons, nos traditions et nos forces.

Dans les pages qui suivent, nous avons rassemblé des informations essentielles sur chaque fédération syndicale internationale. Vous apprendrez qui elles représentent, comment elles sont organisées, comment les joindre, etc.

Vous apprendrez également d'où elles viennent - et ce qu'elles font aujourd'hui.

Bien entendu, nous mentionnons la Confédération Syndicale Internationale et d'autres institutions appartenant au mouvement ouvrier que vous ne connaissez peut-être pas encore, comme le Conseil Syndical Mondial ou la Commission syndicale consultative auprès de l'OCDE.

Nous avons sollicité quelques amis dans les fédérations internationales afin d'éclairer quelques aspects de notre mouvement.

Dans les pages concernant les fédérations mondiales, vous trouverez des entretiens courts avec des dirigeants syndicaux qui expliquent comment ils ont tiré bénéfice de la participation de leur syndicat dans une instance internationale.

Daniel Blackburn du Centre International pour les Droits Syndicaux écrit à propos des initiatives de son organisation autour du monde.

Dave Spooner a fourni un court article concernant l'Institut Mondial du Travail[1] une addition relativement nouvelle à la famille.

---

[1] Le nom propre est traduit en français mais sur son site Internet, la VO - Global Labour Institute - est retenue et le sigle GLI employé dans le texte en Français.

Nous avons un court essai d'Owen Tudor du TUC britannique relatant comment sa centrale syndicale s'engage dans la solidarité internationale. Et deux exemples d'organisations francophones, l'une en France, l'autre au Québec, qui s'engagent dans la coopération syndicale.

Alors, permettez-moi de conclure en remerciant toutes celles et tous ceux qui ont contribué à ce livre, en particulier ceux qui ne sont pas nommés, ainsi qu'Edd Mustill qui a magnifiquement réussi à tout mettre en ordre.

ORGANISATIONS
PROFESSIONNELLES
INTERNATIONALES

L'INTERNATIONALE DES TRAVAILLEURS DU BATIMENT ET DU BOIS

www.bwint.org

*La fédération internationale des travailleurs
du bâtiment, du bois et de la sylviculture.*

*L'IBB représente 12 millions de travailleurs
dans 350 syndicats et 135 pays.*

Président :
Klaus Wiesehügel

Secrétaire Général :
Albert Emilio Yuson

54 route des Acacias
CH-1227 Carouge GE
Suisse

Tel.: + 41 22 827 37 77
Fax: + 41 22 827 37 70
Courriel : info@bwint.org

HISTORIQUE

L'Internationale du Bâtiment et du Bois (IBB) fut fondé en 2005 par la fusion de la Fédération Internationale des Travailleurs du Bâtiment et du Bois (FITBB) et la Fédération Mondiale des Organisations de la Construction et du Bois (FMOCB). La FITBB comptait 10,5 millions de membres alors que la plus petite FMOCB, née du mouvement syndical chrétien, en comptait 1,5 million.

STRUCTURE

Le Congrès mondial de l'IBB est réuni tous les quatre ans. Il élit son président, vice-président et secrétaire général ainsi qu'un Conseil mondial.

Le Conseil mondial se réunit deux fois l'an et désigne des représentants régionaux qui siègent au Comité directeur, responsable de l'administration et la mise en œuvre des politiques adoptées. Le Conseil mondial met en place un Comité international des femmes. Il y a également des comités régionaux pour l'Afrique, l'Amérique Latine et les Caraïbes, l'Asie-Pacifique, l'Europe et l'Amérique du Nord.

ACTION REVENDICATIVE

La construction est l'une des industries les plus dangereuses au monde. L'Organisation Internationale du Travail (OIT) chiffre les mortalités sur les chantiers à 60 000 par an – un décès toutes les dix minutes. De ce fait, l'IBB mène de nombreuses campagnes sur le thème de la santé/sécurité. Bien des projets spectaculaires dans le domaine sportif entraînent des morts et des blessés sur les chantiers de construction. Au préalable du championnat de football Euro-2012 en Pologne et en Ukraine, l'IBB a braqué les projecteurs sur les désastreuses conditions de travail de ceux qui construisaient les stades. Des campagnes « travail décent » sont en cours au Brésil concernant la Coupe du Monde FIFA de 2014 et au Qatar pour les Jeux Olympiques de 2020.

En Inde, l'IBB campagne contre le travail des enfants dans les briqueteries. Elle fournit des aides financières et techniques aux syndicats afin de bâtir des écoles, qui ont permis à 10 000 enfants d'échapper au travail et de recevoir une éducation, tout en leur apprenant leurs droits syndicaux.

En tant que fédération internationale, l'IBB encourage les entreprises multinationales à signer des accords-cadre basés sur les normes de l'OIT. Ces accords permettent aux syndicats locaux de se former et de se faire reconnaitre plus rapidement. De tels accords ont été conclus avec Ikea, GDF Suez, Lafarge...

L'INTERNATIONALE DE L'EDUCATION

www.ei-ie.org/fr/

La fédération internationale des employés des secteurs de l'éducation.

IE représente 30 millions de travailleurs dans 400 syndicats et 170 pays.

Présidente :
Susan Hopgood

Secrétaire Général :
Fred van Leeuwen

5 boulevard du Roi Albert II
B-1210 Bruxelles
Belgique

Tél : +32-2 224 06 11
Fax : -32-2 224 06 06
Courriel : headoffice@ei-ie.org

HISTORIQUE

Les origines d'IE remontent au moins à 1912 quand la première tentative de rassembler les syndicats d'enseignants a eu lieu en Belgique. Il a fallu attendre 1926 pour que le Secrétariat International des Enseignants soit fondé ; Secrétariat International étant l'ancien terme pour fédération internationale.

Comme ailleurs, la Guerre Froide divisa l'organisation des enseignants, les syndicats procommunistes formant la Fédération Internationale des Syndicats d'Enseignants (FISE). Mais les enseignants furent divisés davantage car deux fédérations différentes se sont créées dans le monde non-communiste : la Confédération Mondiale des Organisations de la Profession Enseignante (CMOPE) et la Fédération Internationale des Syndicats Libres d'Enseignants (FISLE).

La FISLE fut plus fermement anticommuniste en raison de ses liens avec la Fédération Américaine du Travail[2] et la Fédération Américaine des Enseignants. Alors que les lignes idéologiques furent comprises dans les pays développés, dans d'autres régions du monde, les syndicats s'affiliaient à deux secrétariats simplement pour obtenir autant d'assistance internationale qu'ils le pouvaient. Ainsi, la CMOPE comptait des organisations affiliées à la FISE communiste, et d'autres affiliées à la FISLE anticommuniste.

La CMOPE avait une tendance à attirer les organisations se considérant davantage des associations professionnelles alors que les adhérents de la FISE s'identifiaient plutôt comme des syndicats de travailleurs. La FISE est restée la plus petite des deux formations jusqu'aux années 1960, quand les syndicats d'enseignants ont commencé à s'engager dans des activités syndicales plus traditionnelles. En guise

---

[2] American Federation of Labor (AFL), American Federation of Teachers (AFT)

d'exemple, la première grève majeure des enseignants aux Etats-Unis a eu lieu en 1967. L'idée germe alors que les organisations d'enseignants négocient collectivement le sort de leurs adhérents comme dans les autres branches. IE reste attachée au professionnalisme dans le sens où elle revendique la formation continue et la qualification des enseignants, tout en employant largement les méthodes du syndicalisme.

CMOPE et FISLE ont fusionné lors d'une conférence à Stockholm en 1993, le point culminant de longues années de négociations datant du milieu des années 1980. Le Congrès de 1993 affirmait le droit à l'éducation pour tous. IE s'est également engagée dans la promotion de l'éducation au sens large, incluant l'enseignement de la démocratie, des droits de l'homme et le respect de la diversité. Le président-fondateur, Albert Schanker, a fait valoir qu'un système éducatif excellent ne peut fonctionner en isolement de la société. Si les enfants allant à l'école sont affectés par la pauvreté, la violence et la discrimination dans leurs communautés, le bénéfice offert par l'école sera limité. Ainsi IE s'est vouée à combattre ces maux de la société.

En 2007, IE a achevé sa fusion avec la Confédération Mondiale des Organisations de la Profession Enseignante, venant de la tradition chrétien-démocrate. L'enseignant sud-africain, Thulas Nxesi, dirige l'IE durant les quatre années suivantes avant de devenir ministre d'un gouvernement ANC sud-africain.

STRUCTURE

Le Congrès mondial d'IE a lieu tous les quatre ans, avec des délégués venant de toutes ses organisations affiliées. Le Congrès approuve un programme politique et financier pour le mandat à venir. Le dernier congrès en 2011, a pris position sur des sujets très divers telles que le changement climatique, les droits syndicaux en Corée du Sud, et l'organisation des étudiants en enseignement.

Le Congrès élit un Comité Exécutif qui se réunit au moins une fois par an pour surveiller l'activité d'IE. Ce comité est composé de permanents, de deux représentants de chaque région géographique et d'un certain nombre de sièges discrétionnaires.

IE gère un fond de solidarité alimenté par une contribution de 0,7% des revenus des affiliés. Le fond est employé pour venir en aide aux affiliés faisant face à des conditions extrêmes, tels que ceux opérant dans des zones de guerre ou à la suite de catastrophes naturelles comme le tsunami de l'Océan Indien en 2004 ou le tremblement de terre d'Haïti en 2009.

ACTION REVENDICATIVE

En tant qu'organisation de syndicats d'enseignants, la nature d'une majorité des campagnes d'IE relève des questions sociales combinées à des conditions de travail, dans le sens où IE cherche à influencer ou à s'opposer à des politiques d'éducation imposées par des gouvernements. IE défend le principe qu'une éducation de qualité est un droit fondamental qui doit être dispensé par le secteur public. A cette fin, IE met en œuvre une campagne internationale « Debout pour une éducation de qualité » en octobre 2013.

IE s'approprie la recommandation de 1966 de l'UNESCO et de l'OIT sur le statut des enseignants comme point de départ des droits des enseignants. Ce texte confirme le statut de tout enseignant en qualité de professionnel qualifié et IE est opposée à toute déqualification des métiers de l'enseignement. Son projet « Éducateurs de qualité pour tous », en partenariat avec la branche hollandaise d'Oxfam, vise à améliorer la qualité de la formation des enseignants en travaillant avec des gouvernements et des institutions autour du monde.

IE défend le statut professionnel des personnels de service avec enthousiasme, élargissant une campagne lancée par un affilié Néo-Zélandais (l'Institut Éducationnel) à cet effet. Sa politique, adoptée au dernier Congrès mondial, proclame : « IE affirme que les personnels de soutien doivent bénéficier des mêmes statuts, droits et conditions que les autres employés de l'enseignement ayant une qualification et une expérience technique et académique comparable ».

Pour des enseignants syndicalistes, bien des pays sont à risque. Depuis 2011, IE mène une campagne pour la libération des dirigeants de son affilié, l'Association des Enseignants Bahreïnis, Jalila al-Salman et Mahdi Abu Deeb, tout deux emprisonnés pour leur participation dans le soulèvement pacifique pour la démocratie au Bahreïn durant laquelle ils ont organisé une grève des écoles et appelé à la solidarité des parents d'élèves et des étudiants

La Colombie reste le pays le plus dangereux pour les syndicalistes et en particulier pour les syndicalistes de l'enseignement. Plus d'un millier d'assassinats dans leurs rangs depuis 1995 ! IE a parfois utilisé son fonds de solidarité pour aider des enseignants menacés à fuir le pays et les réinstaller en lieu sûr.

INDUSTRIALL

www.industriall-union.org/fr

*La fédération internationale des travailleurs
des mines, de l'énergie et de l'industrie.*

*IndustiALL représente 50 millions de
travailleurs dans 140 pays.*

Président :
Berthold Huber

Secrétaire Général :
Jyrki Raina

54 bis, route des Acacias,
Case Postale 1516
1227 Genève Suisse

Tél : + 41 22 308 5050
Fax : + 41 22 308 5055
Courriel : info@industriall-union.org

HISTORIQUE

IndustriALL est la plus jeune des fédérations internationales, fondée le 19 juin 2012 par la fusion de la Fédération Internationale des Ouvriers de la Métallurgie (FIOM), la Fédération internationale des travailleurs du textile, de l'habillement et du cuir (FITTHC), et la Fédération Internationale des Syndicats de Travailleurs de la Chimie, de l'Énergie, des Mines et des Industries Diverses (ICEM).

Représentant les secteurs de l'industrie, ce n'est pas étonnant que l'histoire d'IndustriALL est la plus longue. Une de ses prédécesseurs, la Fédération Internationale des Mineurs fut fondée en Belgique en 1890, revendiquant la journée de 8 heures, une amélioration des conditions de travail et de sécurité ainsi que l'abolition du travail des enfants dans les mines.

La Fédération Internationale des Ouvriers de la Métallurgie s'est constituée en 1893 à Zurich au cours d'un congrès de partis socialistes européens. Très rapidement, elle s'est dotée de moyens en collectant de l'argent et des victuailles sur tous les continents, afin de venir en aide aux camarades en grève. Les syndicats allemands ont soutenu à la fois les travailleurs britanniques et danois durant les longs lock-out de 1897.

1893 a également vu la création d'organisations internationales dans des secteurs plus artisanaux, comme la cordonnerie, la maroquinerie et la confection. Celles-ci proposaient principalement la délivrance d'informations sur les salaires et conditions de travail dans d'autres pays ainsi qu'une assistance aux migrants cherchant du travail dans les différents pays européens.

Les ouvriers des usines fondèrent leur propre organisation à Stuttgart en 1907 lors d'un congrès de l'Internationale Socialiste. Comme bien des secrétariats de l'époque, son développement est interrompu par la Première Guerre Mondiale mais il renaît en 1920 sous la direction de l'allemand, August Brey, et rebaptisé la Fédération Générale des Travailleurs de la Manufacture. En 1929, un fonds international est crée pour permettre aux affiliés de faire face aux grèves.

La montée du fascisme en Europe et la Seconde Guerre Mondiale ont durement frappé les syndicats. Le bureau des ouvriers de la manufacture à Amsterdam fut fermé seulement six jours après l'invasion Nazie en 1940 et son secrétaire général, Klaas de Jonge, expédié en camp de concentration pour la durée de la guerre. Bruno Buozzi, président des métallos italiens et activiste au sein de la FIOM, fut l'un des nombreux syndicalistes résistants tués au cours d'opérations clandestines.

Les syndicats de mineurs et d'ouvriers manufacturiers ont pu se reconstruire après la guerre, les seconds se regroupant avec les secrétariats des verreries et des céramiques alors que les travailleurs de l'énergie nucléaire intégraient ceux des mineurs. La FIOM s'est également développé à la fin des années 1940, avec l'adhésion de syndicats puissants comme Force Ouvrière en France et la Federazione Italiana Metalmeccanici. En 1948, la nouvelle union syndicale des métallos de l'Allemagne de l'Ouest adhère à la FIOM, suivi de près par les puissantes organisations américaines, UAW et USW [3].

Au cours des années 1950, sur fond de croissance économique de l'après-guerre, les syndicats de métallos à travers l'Europe, revendiquent et obtiennent des semaines de travail plus courtes. Ils furent assistés en cela par le Département économique et social de la FIOM, qui a également assisté l'USW dans l'obtention d'un contrat collectif national. En employant ses connaissances

---

[3] United Automobile Workers et United Steelworkers (Métallos)

internationales, elle a cassé le mythe des employeurs répandant l'idée que les salaires des ouvriers américains étaient « trop élevés ».

La période de l'après-guerre a également vu les premiers développements des syndicats de l'industrie au-delà des frontières habituelles nord-américaines et européennes. En 1964, la FIOM a réussi à rassembler les syndicats de l'industrie japonaise, brisés par la guerre, dans un Conseil National, comme elle l'a fait pour les syndicats britanniques de l'ingénierie un demi-siècle plus tôt, permettant ainsi d'accélérer le processus d'unité sur les lieux de travail. Des conseils nationaux ont rapidement été mis en place en Malaisie, aux Philippines et à Taïwan.

En Afrique, le Syndicat National des Mineurs[4] et le Syndicat National des Métallos d'Afrique du Sud et en Amérique Latine, la Confederação Nacional dos Metalúrgicos (CNM-CUT – Brésil), la Confederacão Nacional dos Ramos Quimicos (CNQ/CUT – Brésil), la Confederación Nacional de Trabajadores Metalúrgicos (CONSTRAMET – Chili) et l'Unión Nacional de Trabajadores del Metal y Ramas Afines (UNTMRA – Uruguay) ont joué un rôle majeur dans la formation de la FIOM et de l'ICEM dans leurs régions respectives.

Les autres secrétariats de l'industrie se sont également développés. Les organisations du textile et celles des cordonniers ont fusioné en 1970 pour créer la FITTHC. Au cours des années '70, les ouvriers manufacturiers, dont l'organisation est renommée Fédération Internationale des Travailleurs de la Chimie et des Industries Diverses (FITCID) a accueilli des syndicats ayant quitté la Fédération International des Travailleurs du Pétrole et de la Chimie. En 1995, les ouvriers de la chimie et de la mine se sont enfin réunis dans la Fédération Internationale des Syndicats de

---

[4] National Union of Mineworkers (NUM)

Travailleurs de la Chimie, de l'Énergie, des Mines et des industries diverses.

La FIOM connut une nouvelle période de croissance dans les années 1980 et au début des années 1990, en raison de la chute du Stalinisme. La FIOM a réagi rapidement en nouant des relations avec les syndicats de l'Europe de l'Est alors qu'ils émergeaient de l'ombre du contrôle étatique.

Les fédérations internationales de syndicats ont réussi à survivre à la destruction massive d'emplois de ces dernières années dans le secteur manufacturier en Europe et en Amérique du Nord, tout en s'implantant dans d'autres régions du monde, préparant ainsi la fusion de 2012.

STRUCTURE

Le Congrès fondateur d'IndustriALL a élu un président, un secrétaire général, leurs adjoints et un comité exécutif comptant 60 membres représentant les six régions du monde. Il sera réduit à 40 membres lors du prochain congrès en 2016.

Les congrès auront lieu au moins, tous les quatre ans. Chaque délégation participante doit compter au minimum un tiers de femmes.

IndustriALL possède des bureaux régionaux à Johannesburg, New Delhi, Singapour, Moscou et Montevideo.

La fédération est également organisée en structures sectorielles. Les syndicats peuvent s'y affilier s'ils représentent des travailleurs manuels ou d'encadrement d'un certain nombre d'industries dont l'aérospatiale, l'électronique, l'extraction minière, la chimie, la construction navale et le textile. Les affiliés doivent fonctionner démocratiquement et hors de toute influence des gouvernements ou employeurs.

ACTION REVENDICATIVE

Dans son plan d'action initial, IndustriALL s'engage à « créer une organisation mondiale capable de contester le pouvoir des entreprises multinationales et négocier avec elles au niveau international ».

L'une de ses priorités est d'établir des accords-cadre sur toute la chaîne de production des entreprises multinationales. De tels accords ont été signés parmi d'autres, avec Ford (automobile), les ciments Lafarge (cosigné avec l'IBB), Siemens et Petrobras, le géant de l'énergie brésilien. Ils engagent les entreprises à reconnaître le droit des travailleurs à la liberté d'association et à d'autres principes de base tels que l'égalité professionnelle ainsi que l'élargissement d'autres stipulations des conventions de l'OIT.

IndustriALL soutient les actes de solidarité entre ses affiliés. En mars 2013, les membres du syndicat sud-africain CEPPWAWU, ont débrayé durant un jour et demi à Unilever en solidarité avec des collègues hollandais dont les emplois devaient être sous-traités à Sodexo, entraînant la perte de leurs acquis en termes de pensions de retraite. IndustriALL a travaillé avec l'UITA (restauration et services) pour créer un puissant réseau syndical au sein de la compagnie, qui, lors de sa réunion initiale, s'est voué à la création de « lieux de travail durables, d'emplois durables et de garanties des droits de tous les travailleurs d'Unilever actuels et futurs ».

Pour renforcer les pouvoirs de négociation des travailleurs, IndustriALL a réuni plusieurs de ses affiliés Zimbabwéens en vue d'une fusion permettant d'améliorer leurs ressources financières dans l'une des économies les plus pauvres de la planète.

La Fédération a pris la place de chef de file dans les efforts pour obtenir une compensation des familles des victimes des incendies dans les usines de confection au Bangladesh. Négociant avec des marques renommées pour qu'elles acceptent la responsabilité sociale des ces usines, partie intégrante de leurs chaînes de production, IndustriALL a remporté un accord tripartite avec les organisations d'employeurs et le gouvernement Bangladeshi[5] sur les normes de sécurité incendie dans les usines ; une étape dans une démarche longue pour assurer la sécurité des travailleurs dans l'industrie du vêtement.

Chaque année au mois de février, IndustriALL organise des journées d'action en solidarité avec les travailleurs mexicains, afin de commémorer et lutter pour la justice vis-à-vis des 65 mineurs qui ont perdu la vie à Pasta de Conchos le 19 février 2006. Ces actions sont l'occasion de promouvoir d'autres revendications telles que le droit des travailleurs à des élections syndicales libres de toute intimidation de la part des employeurs ou des syndicats « jaunes ».

La campagne « Halte au travail précaire » menée par IndustriALL vise la tendance mondiale vers l'utilisation de contrats précaires et de l'intérim. Jusqu'à 60% des emplois dans l'électronique au Mexique sont précaires ainsi que 30% sur les chaines de Nokia en Chine ; des statistiques similaires étant relevées un peu partout dans le monde. Des affiliés d'IndustriALL, comme la Fédération Nationale des Mineurs de l'Inde (FNMI), ont, au cours des dernières années, redoublé d'efforts pour syndiquer les travailleurs précaires et les ramener sous leur protection. La FNMI a recruté 66 869 précaires durant la dernière décennie. En janvier 2013, les affiliés Indonésiens d'IndustriALL ont remporté une victoire sans précédent, obligeant le gouvernement à transformer 16 à 20 millions d'employés de la sous-traitance en employés permanents.

Reconnaissant qu'il n'y aura pas d'emplois sur une planète morte, IndustriALL est aux avant-postes de la lutte pour le développement durable des industries. Bien des travailleurs

---

[5] Selon les dictionnaires, peut se traduire en bangladeshi, bangladais ou bengali.

industriels exercent des emplois qui sont dangereux à la fois pour eux-mêmes et pour l'environnement. La longue campagne concernant les conditions de travail atroces dans la démolition navale en est un exemple, des navires géants étant souvent découpés à la main sur des plages du sous-continent indien avec peu d'égard pour la sécurité des travailleurs ou la préservation de la nature. IndustriALL estime à 120 000, le nombre d'ouvriers en Asie du Sud, exposés à des matériaux toxiques durant la destruction des navires, sans aucune formation dans le domaine de la santé/sécurité. Le syndicat, avec l'aide de la centrale syndicale hollandaise, FNV, a syndiqué des milliers d'ouvriers de la démolition navale en Inde durant la dernière décennie.

LA FÉDÉRATION INTERNATIONALE DES ACTEURS

www.fia-actors.com/fr

Le syndicat mondial des acteurs et artistes de scène.

Président :
Ferne Downey

Secrétaire Général :
Dominick Luquer

40, rue Joseph II b/04
1000 Bruxelles
Belgique

Tél : +32 (0)2 235 08 74
Courriel : +32 (0)2 235 08 70

HISTORIQUE

La Fédération Internationale des Acteurs est née d'une réunion organisée en 1951 par le Syndicat National des Acteurs Français, dirigé par Jean Darcante, qui y conviait des acteurs venant de toute l'Europe. Le Congrès fondateur de la FIA a eu lieu l'année suivante à Londres. Elle s'est rapidement fait connaître au-delà de l'Europe, avec l'adhésion au Mexique, de l'Asociacion Nacional de Actores.

La FIA attirait des affiliés des deux cotés du Rideau de fer à un moment où le mouvement ouvrier était profondément divisé ; les syndicats polonais et cubain y adhèrent au milieu des années 1950, et à la fin des années 1960, des acteurs venant à la fois des Etats-Unis et de l'Union Soviétique en étaient membres.

L'introduction expérimentale de la télévision en Europe au début des années 1950 fournira son premier conflit à la FIA. Coopérant avec les syndicats des musiciens et des chanteurs de variétés, elle préconise à ses membres de ne pas travailler pour des émissions de télévision destinées à être diffusées à l'étranger, avant qu'un accord international sur les rémunérations ne soit mis en place. Le conflit fut couronné de succès en 1956, l'un des premiers exemples de négociation collective internationale.

Le développement de la télévision pose des problèmes inédits à la FIA. Par exemple, les acteurs ne voulaient pas que leurs émissions puissent être rediffusées pour meubler des « écrans noirs » lors des grèves de leurs camarades dans d'autres pays. Cela ferait d'eux des briseurs de grève sans leur consentement. Un accord européen négocié par la FIA apportera une solution.

STRUCTURE

Le Congrès de la FIA est réuni tous les quatre ans, élisant un Comité Exécutif qui siège annuellement. Le Présidium, comprenant un président et six vice-présidents peut se réunir en cas d'urgence.

Les structures régionales de la FIA tiennent leurs propres réunions et élisent leurs responsables. Non seulement les syndicats nationaux mais aussi des syndicats locaux peuvent adhérer à la FIA, à la discrétion du Comité Exécutif.

La FIA collabore avec la Fédération Internationale des Musiciens et la Section des Arts, Média et Divertissements d'UNI, dans une organisation chapeau appelée l'Alliance Internationale des Arts et du Divertissement.

ACTION REVENDICATIVE

La campagne la plus retentissante de la FIA ces dernières années, est celle revendiquant un contrat collectif durant le tournage de la trilogie Le Hobbit en Nouvelle-Zélande. Les stars internationales bénéficiaient de contrats collectifs ratifiées par les syndicats alors que leurs homologues Néo-Zélandais en étaient dépourvus. La FIA fit appel aux syndicats à l'international, pour qu'ils appellent leurs membres à s'abstenir de travailler sur le tournage tant que les producteurs ne s'engagent dans un contrat collectif.

En 2009/2010, l'instance régionale européenne de la FIA lança un projet éducationnel de séminaires et de conférences visant à contester les portraits discriminatoires du genre dans les films, à la télévision et au théâtre.

La FIA a également instaurée un système de solidarité parmi ses affiliés autour du monde leur permettant de faire face à des situations diverses. Elle a soutenu, par exemple, les artistes hongrois, prêtant leurs voix au doublage des émissions, très faiblement rémunérés dans un pays où toute la programmation étrangère est doublée. Elle a également mené campagne pour la libération de l'acteur birman, U Muang Thura.

FÉDÉRATION INTERNATIONALE DES JOURNALISTES

www.ifj.org/fr

Le syndicat mondial des journalistes.

La FIJ représente 600 000 membres dans 174 syndicats et 120 pays.

Président :
Jim Boumelha

Secrétaire Général :
Elisabeth Costa

IPC-Résidence Palace,
Bloc C
Rue de la Loi 155
B-1040 Bruxelles
Belgique

Tél : 32-2-235 22 00
Fax : 32-2-235 22 19
Courriel : ifj@ifj.org

HISTORIQUE

La Fédération Internationale des Journalistes (FIJ) fut fondé en 1926. Après la Seconde Guerre Mondiale, comme d'autres organisations ouvrières, les journalistes furent divisés entre Est et Ouest, avec l'Organisation Internationale des Journalistes, d'obéissance soviétique, opérant depuis Prague jusqu'à la fin de la Guerre Froide.

STRUCTURE

Le Congrès a lieu tous les trois ans. Un Congrès extraordinaire peut être convoqué à la majorité des deux-tiers du Comité Exécutif ou une majorité simple des organisations affiliées. Le Comité Exécutif, élu par le congrès, est constitué des permanents et 16 autres membres. Un seul membre par pays est admis au Conseil Exécutif. Il se réunit deux fois l'an.

Seuls les syndicats prônant la liberté de la presse peuvent être affiliés. Les syndicats représentant tous les personnels de l'industrie médiatique peuvent s'affilier mais seuls leurs effectifs de journalistes comptent pour les votes du congrès. Des organisations, non-syndicales, mais défendant la liberté de la presse peuvent être admises comme membres associés.

ACTION REVENDICATIVE

La FIJ existe à la fois pour sauvegarder et étendre la liberté des journalistes et plus généralement, pour la liberté de la presse. La Fédération mène campagne, partout où cela se produit, pour la libération des journalistes emprisonnés pour avoir critiqué des gouvernements autoritaires. Elle rassemble actuellement un soutien à ses deux affiliés ukrainiens, le Syndicat des média indépendants et le Syndicat national des journalistes, afin de s'opposer à l'introduction d'une criminalisation de la diffamation ; une mesure disproportionnée destinée à intimider les journalistes au point de ne plus inquiéter les riches et puissants.

La FIJ œuvre pour la liberté de la presse dans le monde entier. Elle a mené campagne aussi bien pour la libération des journalistes palestiniens croupissant dans les geôles israéliennes que pour lever les restrictions sur les journalistes travaillant à Gaza, sous contrôle du Hamas. La Fédération dénonce l'hypocrisie ; en 2009, elle a refusé de participer à la Journée Internationale de la Liberté de la Presse de l'UNESCO au Qatar, ce pays refusant à ses journalistes, la création d'un syndicat.

FÉDÉRATION INTERNATIONALE
DES MUSICIENS

www.fim-musicians.org/?lang=fr

Le syndicat mondial des musiciens.

Président :
John Smith

Secrétaire Général :
Benoit Machuel

21 bis rue Victor Massé
F-75009 Paris
France

Tél : +33 (0) 145 263 123
Fax : +33 (0) 176 701 418
Courriel : office@fim- musicians.org

HISTORIQUE

Aux États-Unis, la première organisation syndicale de musiciens est créée en 1870 : l'Association Nationale des Musiciens. Elle disparaît au bout de 4 ou 5 ans sans laisser de trace. Il a fallu attendre mai 1886 pour la tentative suivante lorsque la Ligue Nationale des Musiciens des Etats-Unis est formée en présence de délégations venant de New York, Philadelphie, Cincinnati, Chicago, Boston, Milwaukee et Détroit. En octobre 1896, est créée la Fédération Américaine des Musiciens composé de syndicats souhaitant rejoindre le mouvement ouvrier général et ayant subi défaite sur défaite au sein de la NLM. Elle s'affilie à la Fédération Américaine du Travail sous l'égide de son président-fondateur, Samuel Gompers.

Au Royaume-Uni, le premier syndicat des musiciens et assimilés est crée à Manchester en 1893.

En France, la Fédération des Musiciens est créée au début du 20ème siècle, selon le SNAM CGT, sous l'égide de la Confédération Générale du Travail. En 1904, le syndicat britannique, invité au Congrès des musiciens français, comme sans doute ceux d'autres pays, aboutit à la création d'une Confédération Internationale des Musiciens. Le destin de cette organisation nous est inconnu.

En 1948, la Fédération Internationale des Musiciens est fondée pour représenter les syndicats, guildes et associations professionnelles de musiciens de par le monde. Elle compte quelques 70 membres dans 60 pays. Le SNAM-CGT reste son seul affilié en France.

Dans les années 1950, la FIM pilote des négociations entre syndicats de musiciens et l'industrie phonographique au sujet de la distribution des revenus de la diffusion sur les ondes, de musiques enregistrées. Dans le même temps, elle rencontre des difficultés financières la conduisant à réclamer à ses affiliés, le paiement de leurs cotisations par avance.

STRUCTURE

Le Secrétariat de la FIM est installé à Paris. Le Secrétaire général est notamment chargé de son administration et de la mise en œuvre des décisions prises par ses organes directeurs, qui sont :

- le Congrès, qui détermine les directives générales et l'activité. Il se réunit tous les trois ans ;

- le Comité exécutif, qui veille, conjointement avec le Secrétariat, à l'application des dispositions des statuts et des orientations adoptées par le Congrès. Il se compose du Président, de quatre Vice-présidents et de douze membres élus parmi les syndicats membres. Il se réunit selon les besoins et au minimum une fois par an ;

- le Présidium, composé du Président, des quatre Vice-présidents et du Secrétaire général. Il se réunit régulièrement pour suivre les activités de la Fédération.

La FIM a créé trois groupes régionaux, pour l'Afrique (FIM-AF), l'Amérique latine (le GLM, Grupo Latino américano de Musicos) et l'Europe.

La FIM est membre de la Confédération Européenne des Syndicats et du Conseil des Syndicats Mondiaux. Elle collabore également avec toutes les organisations nationales et internationales représentant les intérêts des travailleurs artistiques. Avec la Fédération Internationale des acteurs (FIA) et la Fédération UNI des médias et du spectacle (UNI-MEI), elle a créé l'Alliance Internationale des Arts et du Spectacle (IAEA). L'IAEA est membre du Conseil des Fédérations Mondiales Sectorielles (CGU).

Au-delà de son activité syndicale, la FIM possède le statut d'ONG, lui permettant d'être en relation permanente avec les principales organisations intergouvernementales telles que l'UNESCO, l'OIT, l'OMPI. Elle est reconnue et consultée par le Conseil de l'Europe, la Commission européenne et le

Parlement européen. La FIM est membre du Conseil International de la musique (CIM).

Ainsi, la FIM a la possibilité de participer aux négociations nationales et internationales sur la protection des artistes interprètes et d'y faire entendre la position des musiciens sur des questions comme les droits d'auteur, les droits de diffusion, etc.

ACTION REVENDICATIVE

La FIM a pour but de sauvegarder et de développer les intérêts d'ordre économique, social et artistique des musiciens membres de ses affiliés.

Ses objectifs sont notamment les suivants :

- Encourager dans tous les pays l'organisation professionnelle des musiciens.

- Grouper en son sein les organisations de musiciens du monde entier, stimuler et renforcer la coopération internationale.

- Prendre toutes initiatives utiles afin de faire naître des dispositions législatives (ou autres), sur le plan national et international, pour la protection des musiciens.

- Conclure des accords avec d'autres organisations internationales dans l'intérêt des associations membres et dans celui de la profession.

- Recueillir des statistiques et d'autres éléments documentaires relatifs à la profession de musicien et assurer leur diffusion parmi les associations membres.

- Apporter un appui moral et matériel aux associations membres lorsque celles-ci se trouvent engagées dans une lutte de défense professionnelle en accord avec les buts poursuivis par la FIM.

- Encourager tous les efforts tendant à assurer que la bonne musique devienne un patrimoine commun à tous les peuples.

- Organiser des conférences et congrès internationaux.

- Collaborer étroitement avec l'Organisation Mondiale de la Propriété Intellectuelle (OMPI), avec le Bureau International du Travail (BIT) et avec l'Unesco, et assurer enfin des relations permanentes avec toutes les organisations internationales dont l'activité peut être utile à la FIM.

La FIM entretient également des liens étroits avec les sociétés de gestion collective.

FÉDÉRATION INTERNATIONALE DES OUVRIERS DU TRANSPORT

www.itfglobal.org/index.cfm/languageID/3

La fédération internationale des travailleurs de la marine marchande, des ports, de l'aviation civile, des chemins de fer et des transports routiers.

FIOT représente 4,5 millions de travailleurs dans 77 syndicats à travers 150 pays.

Président :
Paddy Crumlin

Secrétaire Général :
David Cockcroft

ITF House
49-60 Borough Road
London
SE1 1DR
Royaume-Uni

Tél : +44 20 7403 2733
Courriel : mail@itf.org.uk

HISTORIQUE

Fondée à Londres en 1896, la Fédération des Travailleurs de la Marine, des Docks et de la Rivière est l'ancêtre de la Fédération Internationale des Ouvriers du Transport (FIOT). La nature même du commerce international, s'effectuant à l'époque, essentiellement par les voies maritimes, explique l'importance accordée par les ouvriers du transport à la solidarité internationale dans les conflits syndicaux. La fondation de la Fédération était déjà une réponse à un appel à l'aide des dockers en grève à Rotterdam. Quelques années auparavant, la grande grève des dockers de 1889 avait secoué les ports britanniques. Ses dirigeants Tom Mann et Ben Tillett étaient parmi les premiers responsables de la Fédération Internationale. Tom Mann s'est même fait arrêté durant une grève au port de Hambourg en 1896/7 et expulsé vers l'Angleterre.

La FIOT a connu une hausse régulière de son influence à cette époque d'accroissement du militantisme parmi ses membres, avant que la Première Guerre Mondiale n'y coupe court. Néanmoins, l'organisation a réussi à survivre et à reprendre ses activités après l'Armistice.

A la suite de la Révolution russe, elle participa à l'organisation de boycotts des munitions destinées aux armées blanches et au régime profasciste de l'Amiral Horthy en Hongrie. La Fédération a néanmoins souffert de la fondation de l'Internationale ouvrière rouge qui attira certains syndicats procommunistes dans ses rangs.

Dans les années 1920, la FIOT commença à agir contre les attitudes racistes de certains de ses propres membres et affiliés. Edo Finmen, le Secrétaire Général, appela dans ses discours, les ouvriers du monde à considérer leurs luttes de façon unitaire. Il préviendra les syndicats occidentaux que toute avancée serait perdue « à moins de prendre des mesures vigoureuses pour améliorer les conditions de vie dans les pays de l'Est ». En 1923/1924, les syndicats des chemins de fer de Palestine, Argentine, Inde et Indonésie ont adhéré à la FIOT.

Alors que le fascisme se répandait en Europe, la FIOT distribua des fournitures militantes « illégales » aux syndicats allemands et fournit une aide matérielle aux républicains espagnols durant la guerre civile. Militants et puissants, les syndicats des transports étaient souvent les premiers à subir la répression, la persécution et la violence des fascistes. Hermann Jochade, dirigeant de la FIOT entre 1904 et 1916 fut assassiné dans un camp de concentration en 1939.

Après la guerre, la FIOT a poursuivi son expansion dans l'hémisphère sud, avec l'adhésion des syndicats sur le continent africain. Une première conférence des ouvriers du transport latino-américains a eu lieu en 1949, suivi d'une conférence en Asie en 1955. Dans les années 1960, les affiliations dans ces régions se sont quadruplées.

A ce moment-là, la FIOT combattait des pertes d'emplois significatives dans les ports en raison de l'introduction des conteneurs dans les ports, la mécanisation des chemins de fer. Elle menait, parallèlement, une campagne contre les compagnies maritimes battant pavillon de complaisance, une campagne toujours en cours à ce jour. La FIOT possédait un navire, le « Global Mariner » qui voguait en mer pour sensibiliser les marins aux campagnes syndicales ; il a sombré dans une collision en mer, en 2000.

STRUCTURE

Son Congrès est convoqué tous les quatre ans, élisant un président et cinq vice-présidents, chacun représentant une région géographique. Un Secrétaire Général est également élu, chargé de diriger les effectifs permanents employés par la FIOT, ainsi qu'un Comité Exécutif de 40 membres qui se réunit deux fois l'an.

Tout syndicat démocratique ayant des membres dans le secteur des transports peut adhérer à la FIOT.

La FIOT est organisée en bureaux régionaux. Un Comité des Travailleuses des Transports et un Comité des Jeunes Travailleurs des Transports se réunissent en marge du Congrès.

ACTION REVENDICATIVE

Selon la FIOT, le travailleur du transport est un maillon essentiel de la chaîne de production et de distribution. Ses campagnes visent à tisser des liens stratégiques entre leurs syndicats et ceux d'autres secteurs afin de peser davantage sur les entreprises concernées.

La campagne la plus ancienne de la FIOT est celle des pavillons de complaisance, lancée en 1948. Elle est liée à la nature particulière des transports maritimes où les propriétaires de navires peuvent les enregistrer dans des paradis fiscaux, ainsi échappant à un droit du travail garantissant des conditions de travail décentes aux équipages. Les employeurs échappent également à la négociation collective avec des syndicats nationaux. La FIOT est ainsi devenu un négociateur direct avec les employeurs, parvenant à des accords en faveur des travailleurs sur les navires battant pavillon de complaisance. Elle fournit des certificats aux navires souscrivant à ses accords collectifs. Environ un quart des bâtiments concernés sont aujourd'hui couverts par de tels accords, protégeant quelques 120 000 marins. Un réseau global de 130 permanents syndicaux « Inspecteurs de la FIOT », évaluent les conditions à bord des bateaux PdC afin d'assurer leur conformité aux accords.

La FIOT intervient lorsque les compagnies maritimes abandonnent des équipages dans des ports étrangers. Saïd El Hairech, un dirigeant du syndicat des dockers marocains, a mené une campagne lors d'un tel incident à la suite de la faillite des ferries Comarit-Comanav, laissant des équipages se débrouiller en Espagne. Saïd fut emprisonné et la FIOT répliqua par une campagne internationale aboutissant à sa libération. La FIOT a nommé Saïd comme candidat au prix Febe Elisabeth Velasquez des droits syndicaux internationaux.

Également dans le secteur maritime, une campagne de haut niveau cible le réseau mondial de terminaux, visant les multinationales exploitant les installations portuaires - APMT, DPW, HPH et PSA. Celles-ci contrôlent environ 50% des ports et terminaux du monde. Cette campagne engage les syndicats affiliés à la FIOT à lutter pour des conditions de travail acceptables pour les hommes et les femmes travaillant dans les ports autour du monde – l'un des environnements de travail les plus dangereux qui soient.

L'aviation est une autre industrie internationale avec une main d'œuvre internationale. La FIOT a rassemblé des syndicats britanniques et espagnols lors de la restructuration prolongée d'Iberia, devenu filiale d'IAG[6] tout comme British Airways. Quand Willie Walsh, le Directeur Général d'IAG est intervenu pour saborder les négociations avec la direction Iberia, cette pression internationale l'a obligé à battre en retraite.

En 1997, la section du transport routier de la FIOT a entrepris sa première journée d'action sur le thème de la sécurité routière. En 1999, les affiliés rassemblèrent 200 000 manifestants en Amérique Latine et en Asie, protestant contre la fatigue de la route et des heures de travail trop longues. Ces journées se sont prolongées en semaines d'action et en 2008, les syndicats des chemins de fer s'y associent. Depuis octobre 2012, la semaine d'action adopte le slogan « Les travailleurs des transports ripostent ! Ils s'organisent à l'échelle mondiale ! ». L'action comprend des

---

[6] International Airlines Group

opérations escargot en Afrique de l'Ouest et en Europe. Au Népal, les chauffeurs de taxi ont formé un convoi de 5 kilomètres de long à Katmandou. Par la même occasion, d'autres campagnes sont promues, comme celle pour la libération des militants emprisonnés du Syndicat des Travailleurs des Autobus de Téhéran.

En ce moment, l'une des campagnes les plus importantes menée par la FIOT et celle visant DHL suite à un licenciement en masse en juin 2012, des employés voulant créer leur syndicat au sein de sa filiale Turque. Les syndicats affiliés à la FIOT tout autour du monde ont participé à des journées d'action dénonçant le comportement de DHL et soutenant leurs camarades en Turquie. La campagne pour former et renforcer les syndicats à travers la multinationale « Respect à DHL » a bâti une présence appréciable sur Internet. Une protestation très remarquée a eu lieu lors de la « Fashion Week » à Londres où DHL était le logisticien officiel.

L'UNION INTERNATIONALE DES TRAVAILLEURS DE L'AGRICULTURE, DE L'AGROALIMENTAIRE, DE L'HOTELLERIE RESTAURATION, DU TABAC ET DES ASSOCIATIONS DE TRAVAILLEURS DE SECTEURS ASSIMILES.

www.iuf.org/w/?q=fr

Le syndicat mondial des travailleurs de l'alimentation, du producteur au consommateur.

L'UITA représente 12 millions de travailleurs dans 390 syndicats à travers 120 pays.

Président :
Hans-Olof Nilsson

Secrétaire Général :
Ron Oswald

Rampe du Pont-Rouge, 8
CH-1213 Petit-Lancy
Suisse

Phone: + 41 22 793 22 33
Fax: + 41 22 793 22 38
Email: iuf@iuf.org

HISTORIQUE

L'Union Internationale des Travailleurs de l'agriculture, de l'agroalimentaire, de l'hôtellerie restauration, du tabac et des associations de travailleurs de secteurs assimilés, raccourci en UITA, fut fondé en 1920, résultat d'une fusion entre les syndicats internationaux d'ouvriers-boulangers, de brasseurs, et d'ouvriers de l'industrie de la viande, tous créés avant la Première Guerre Mondiale.

La fondation de l'UITA fut une réaction aux changements dans l'industrie de l'alimentation et des breuvages, voyant des chutes de la production sous le contrôle de conglomérats géants en position de quasi-monopoles. La profession de foi de l'UITA mentionne toujours son engagement à syndiquer les travailleurs de toute la chaîne d'approvisionnement alimentaire, un objectif qui se vérifie depuis sa fondation.

L'UITA entretient des relations avec des multinationales depuis 1963, quand elle rassembla les ouvriers britanniques et pakistanais du tabac pour négocier avec British American Tobacco. Au début des années 1970, l'UITA commença à fédérer les ouvriers de Nestlé sur l'échelle mondiale. Quand les travailleurs du lait au Pérou lancent une occupation de l'usine de Chiclayo en 1973, l'UITA lança une campagne internationale au cours de laquelle les ouvriers Néo-Zélandais menacèrent de fermer leur usine. Nestlé recula et accepta de reconnaître le syndicat péruvien. Entre 1990 et 2000, dans un contexte de mondialisation rampant, l'UITA avait développé une puissance suffisante pour négocier les premiers accords internationaux avec des multinationales comme Accor et Danone.

L'UITA fut renforcée par les fusions de l'après-guerre, intégrant les syndicats internationaux des ouvriers du tabac en 1958 et des employés des hôtels, restaurants et bars en 1961. Géographiquement, l'UITA s'est agrandi au-delà de l'Europe, affiliant des syndicats américains dans les années 1950 puis en Afrique et en Asie dans les années 1960. Malgré une relation tendue avec l'AFL-CIO[7] sur le développement en Amérique Latine, l'UITA a réussi à consolider ses organisations régionales. Une fusion avec l'Internationale des Ouvriers de Plantations en 1994, plaça la majorité des syndicats affiliés à l'UITA dans l'hémisphère sud.

STRUCTURE

Le Congrès est réuni tous les cinq ans, élisant un Comité Exécutif aux pouvoirs décisionnels limités et qui se réunit chaque année. Le Secrétaire Général est chargé de diriger les permanents et les personnels à Genève.

L'UITA est organisée en bureaux régionaux ainsi que des regroupements par industrie ou par multinationale.

ACTION REVENDICATIVE

Le champ d'intervention de l'UITA est tel que ses affiliés œuvrent souvent au sein des multinationales les plus puissantes et les plus connues du monde, comme Mondelez (Kraft, Cadbury), Nestlé, Coca-Cola, Unilever, Hilton, Accor, Sodexo, etc.

Dans l'industrie hôtelière, les affiliés syndiquent fréquemment des travailleurs précaires et cherchent à améliorer leurs droits. Durant la dernière année, l'UITA a mené campagne pour faire connaître le sort des personnels d'hôtels à Mumbai, Washington DC et aux Maldives.

A son dernier congrès, en 2012, l'UITA lança sa campagne "Nous sommes les 53 !" en solidarité avec les travailleurs

---

[7] American Federation of Labor and Congress of Industrial Organizations (Fédération Américaine du Travail et Congrès d'Organisations Industrielles).

licenciés par Nescafé à Panjang en Indonésie. Ils avaient mené une longue lutte pour former un syndicat dans leur usine. La campagne a remporté une belle victoire pour les ouvriers à la suite d'un large témoignage de solidarité de la part des affiliés de l'UITA dont les syndicats représentant les travailleurs de Nestlé autour du monde.

L'UITA mène souvent des campagnes en ligne, permettant aux sympathisants d'envoyer facilement des messages de protestation ou de solidarité, selon les destinataires. Récemment, des campagnes ont concerné la précarité chez Coca-Cola aux Philippines et la réintégration de militants syndicaux chez Kraft en Égypte et en Tunisie.

ENTRETIEN AVEC JENNIE FORMBY

Jennie Formby, Secrétaire Nationale de la branche Alimentation, breuvages et tabac du syndicat britannique Unite, décrit les relations de son organisation avec l'UITA.

Votre adhésion à une fédération syndicale internationale a-t-elle déjà permis de résoudre plus rapidement un conflit avec une entreprise ou un gouvernement ?

Durant la reprise de Cadbury par Kraft, l'UITA a fourni des renseignements précieux concernant le comportement de Kraft sur le plan international qui nous ont permis d'agir à la fois auprès des actionnaires et du gouvernement britannique. Nous n'avons pu empêcher le rachat, mené par des « hedge funds » à court terme, mais nous avons pu obtenir la création d'un Comité ad-hoc qui a non-seulement interrogé les dirigeants de Kraft mais continue à surveiller les événements. Plus important encore, cela a permis des changements de la loi concernant les opérations de concentration pour assurer une transparence et l'association des travailleurs dans les fusions. On est encore loin de la perfection mais cela fonctionne beaucoup mieux qu'auparavant.

Le litige national ultérieur sur les retraites au Royaume-Uni a conduit à une grève dans tous les sites, et a finalement abouti à un meilleur règlement que nous n'aurions jamais pu espérer. L'UITA nous a soutenus de deux façons, d'une part, en veillant à ce que nous bénéficions d'une solidarité internationale - très bien menée par LabourStart ! - encourageant nos membres à prolonger leur action, et d'autre part, en travaillant en arrière-plan à persuader la direction générale à se mettre à dialoguer avec nous, ce qu'elle tentait d'éviter.

Sur une plus petite échelle, lors d'un différend à l'un des sites de Coca-Cola à Londres, l'UITA a transmis les revendications à la direction internationale et également veillé à ce que nos délégués sur place obtiennent une solidarité de tous les coins du monde qui, franchement, les a bluffés. Non seulement, elle a renforcé leur confiance en leur lutte, mais elle leur a fait sentir qu'ils avaient la responsabilité de continuer à se battre afin de ne pas laisser tomber leurs camarades dans d'autres pays.

Voilà trois exemples, je pourrai en citer bien d'autres.

Ton syndicat, a-t-il soutenu des campagnes de votre fédération syndicale internationale dans d'autres pays ?

Unite soutient les campagnes de l'UITA et entreprend toujours une action, même limitée, pour améliorer la visibilité de ses campagnes.

Nos membres ont exprimé une forte solidarité lors de la campagne « CasualTea[8] ». Notre Secrétaire Général ainsi que tous les délégués de tous les sites ont écrit à la direction générale et abordé le sujet à toutes les réunions nationales et européennes pour qu'elle soit constamment dans les esprits et pour exprimer notre consternation quand au comportement de la direction. Les adhérents de tout notre secteur, et même plus largement, ont participé à la campagne électronique et celle des cartes postales.

Nous avons également soutenu de la même manière, d'autres campagnes dont celles de « Nespresso », « les « 53[9] », et le syndicat FNV d'Unilever[10] aux Pays-Bas. Un jumelage est en cours entre notre site de Bournville et une usine Kraft

---

[8] Jeu de mots sur une marque, la précarité du travail et les conditions de travail dans les plantations de thé.

[9] En référence à 53 syndicalistes licenciés abusivement en Indonésie par Nestlé en octobre 2011

[10] Concernant le maintien des acquis de certains personnels transférés à Sodexo

en Égypte. Nous avons également participé aux campagnes « Eh Coca, respectez le droit du travail » aux Philippines, et « Screamdelez », en cours, contre le mauvais traitement des ouvriers en Tunisie et en Égypte.

Pensez-vous que l'adhérent lambda de votre syndicat est conscient de votre appartenance à une fédération syndicale internationale ?

Nous faisons tout ce que nous pouvons pour améliorer la prise de conscience de nos membres sur le rôle des FSI. Je pense que nos délégués de site sont, en général, bien au courant, en particulier parce nous essayons d'associer l'UITA aux programmes de formation de nos délégués expérimentés. Il y a toujours un bon niveau de conscience dans les entreprises où des campagnes ont été menées mais ailleurs, nous cherchons toujours à la faire connaître par tous les moyens.

A part les campagnes, comment votre syndicat a-t-il pu tirer profit de son adhésion au mouvement ouvrier international ?

L'UITA apporte un soutien important dans le cadre de nos plans de formation et a participé à plusieurs sessions que nous avons organisées concernant des sujets transnationaux. Elle apporte également un soutien appréciable en termes de recherche et d'information dont nous avons besoin pour organiser les travailleurs et mener des luttes dans certaines entreprises spécifiques. Par exemple, (le directeur des campagnes internationales de l'UITA) Peter Rossman nous a fourni des informations financières nous permettant de bâtir des arguments clés en écrivant à la direction à propos de la fusion de Heinz. Nous souhaitons aussi construire de meilleurs réseaux de coopération à la suite de cette opération.

L'INTERNATIONALE DES SERVICES PUBLICS

http://www.world-psi.org/fr

*La fédération syndicale internationale des travailleurs de
tous les services publics, dont les employés des
gouvernements et autorités locales, santé public et services
sociaux.*

*ISP représente 20 millions de travailleurs dans 650
syndicats et 148 pays.*

Président :
Dave Prentis

Secrétaire Général :
Rosa Pavanelli

45 avenue Voltaire
BP 9
01211 Ferney-Voltaire Cedex
France

Tél : +33(0)450406464
Fax: +33(0)450407320
Courriel : psi@world-psi.org

HISTORIQUE

Les syndicats du secteur public se sont développés au début du 20ème siècle lorsque les administrations locales, sous l'influence des sociaux-démocrates, ont commencé à prendre en main la distribution de services comme l'eau, l'électricité et le gaz.

La première réunion internationale de ces syndicats a eu lieu à Stuttgart en 1907, juste après le Congrès de l'Internationale Socialiste. D'autres réunions se sont enchaînées à Copenhague en 1910 et Zurich en 1913. A cette dernière, une liste de revendications communes a été rédigée, comprenant la journée de 8 heures, la négociation collective et des congés payés. Le secrétariat a maintenu un fonctionnement minimal durant la Première Guerre Mondiale, réinstaurant son service normal en 1919. A la fin du boom de l'après-guerre en 1921, l'ISP se vantait d'avoir près d'un demi-million de membres.

Durant la Dépression, l'ISP a non seulement lutté pour l'emploi dans le secteur public mais aussi pour le développement du secteur lui-même, réclamant la privatisation des mines, de l'industrie lourde et des banques. En Scandinavie, les syndicats du secteur public ont obtenu des mesures législatives portant des améliorations significatives de la sécurité de l'emploi et des retraites.

Mais la montée du fascisme, comme ailleurs en Europe, fit son œuvre, des syndicats furent interdits ou incorporés dans des institutions d'état. Le secrétariat de l'ISP était obligé de quitter Berlin lors de la prise du pouvoir par Hitler, se relocalisant à Paris où il s'installa dans un appartement privé avec des machines à écrire et des équipements fournis par d'autres syndicats. Lorsque les Nazis ont occupé Paris en 1940, l'ISP a du suspendre ses activités mais a pu rejoindre

Londres et se liguer avec d'autres secrétariats des organisations syndicales internationales.

Les conditions rencontrées par les affiliés de l'ISP dans l'après-guerre furent contrastés. L'état-providence a permis une large expansion du secteur public dans les pays industrialisés. En revanche, la mentalité régnante durant la Guerre Froide des années 1950, a amené des interdictions de la grève des ouvriers municipaux au Japon et dans bien des états américains, et des fonctionnaires dans de nombreux pays.

Les affiliés de l'ISP dans certains pays, ont tardé à réaliser la nécessité de se liguer avec d'autres organisations ouvrières dans les ex-colonies. Maarten Bolle, le Secrétaire Général, qui s'était donné la tâche de rencontrer des syndicats à travers l'Asie, a démissionné en protestation quand le syndicat britannique des employés municipaux et assimilés, a refusé de contribuer au fonds de solidarité de l'ISP.

L'Internationale a tenu ses premières conférences régionales pour l'Asie et l'Afrique en 1965, en réponse à la pression des syndicats réclamant davantage de structures décisionnaires. Durant les années 1970, celles-ci deviennent des Conseils Régionaux, rejoints par de nouveaux affiliés de l'hémisphère sud. Après 1980, l'ISP a accéléré ses travaux de solidarité internationale, venant en aide à des syndicalistes emprisonnés dans des pays comme le Chili et la Turquie. En 1989, une campagne conjointe de l'ISP et Amnesty International a permis de faire acquitter cinq agents de santé en Afrique du Sud, accusés de trahison par le gouvernement apartheid, en raison de leurs activités syndicales.

L'offensive néolibérale débutant autour de 1970, a menacé tous les syndicats mais en particulier, ceux de la fonction publique en raison de l'hostilité vis-à-vis du secteur public. Au Chili, par exemple, sous le régime dictatorial, les dépenses publiques ont été rabotées de 25%, sauf pour les forces armées. A partir de 1980, les syndicats du secteur public se battaient pour leur existence même. Margaret Thatcher a interdit la création d'un syndicat à GCHQ (une branche des renseignements généraux) au Royaume-Uni et pendant que les syndicats de la santé publique autour du monde souffraient des coupes sombres budgétaires, elle privatisa les services de santé nationaux (NHS).

L'ISP répliqua en engageant une lutte idéologique, tentant de réhabiliter le secteur aux yeux d'un public bombardé de propagande en faveur du libre-échange. Au-delà de la formation de ses membres pour contrer les discours néolibéraux, l'ISP a pu introduire des programmes de formation en Europe de l'Est à la suite de la chute du mur de Berlin. En ce faisant, l'ISP a refroidi certains ardeurs des champions des politiques de libre-échange, prônées par de nombreux travailleurs dans les états anciennement Stalinistes.

STRUCTURE

Le Congrès est l'instance décisionnaire souveraine de l'ISP. Se réunissant tous les cinq ans, il est composé de délégués venant de tous les syndicats affiliés. Ils élisent un Président et un Secrétaire général à la majorité simple.

Entre deux Congrès, l'ISP est administré par un Comité Exécutif. Des représentants de chaque région y siègent, ils sont mandatés par leurs régions et approuvés par le Congrès. Il y a des sièges supplémentaires pour les jeunes travailleurs (1 par région) et les syndicats de plus de 500 000 membres y participent également.

Des Congrès extraordinaires peuvent être convoqués par le Comité Exécutif ou par un groupement représentant un tiers des affiliés de l'ISP.

A son 29ème Congrès à Durban (Afrique du Sud) en novembre 2012, l'ISP a élu sa première Secrétaire Générale, Rosa Pavanelli.

ACTION REVENDICATIVE

L'ISP et ses affiliés doivent confronter la privatisation incessante des services vitaux, qui, en dehors de ses aspects politiques amène de nombreux problèmes sur les lieux de travail. La sous-traitance des emplois entraîne la dégradation des conditions d'emploi, la précarité et la remise en cause des acquis.

En 2010, l'ISP a réuni ses affiliés turques afin d'élaborer une stratégie commune afin de contrer l'emploi précaire. La campagne a permis la signature d'accords collectifs réintégrant quelques 6 000 travailleurs temporaires dans leur statut permanent d'origine. Une victoire qui a vu 20 000 nouvelles recrues rejoindre les syndicats.

Ces dernières années, l'ISP a assisté ses affiliés en Amérique du Sud dans l'établissement de Comités autonomes de la Jeunesse. Ce projet forme de jeunes travailleurs aux techniques de la négociation collective afin de les aider à affronter des conditions de travail précaires, et accessoirement à construire une alliance entre jeunes travailleurs et la Confédération des Étudiants.

En marge de ses campagnes, l'indépendante Unité de Recherches Internationales des Services Publics (URISP), basée à l'Université de Greenwich à Londres, collabore avec l'ISP pour étudier la privatisation et la restructuration des services publics autour du monde. L'URISP possède des bases de données sur les activités des multinationales qui profitent de la privatisation, une ressource précieuse pour les syndicalistes devant faire face aux problèmes de la mondialisation.

L'ISP a joué un rôle clé dans le mouvement international pour que l'accès à l'eau potable soit un droit de l'homme, ce qui fut formellement reconnu par les Nations Unies en 2010.

L'ISP s'active également dans l'action mondiale pour l'instauration d'une taxe sur les transactions financières, baptisée Taxe Tobin en Europe ou Taxe Robin des Bois. Elle a travaillé avec les syndicats et leurs alliés pour organiser des événements spectaculaires lors des G20 en 2011, G8 et Rio+20 en 2012, et le Forum Social Mondial en Tunisie, Banque Mondiale/FMI, et les Conférences autour des objectifs de développement durable en 2013. L'ISP collabore actuellement avec sa branche européenne, EPSU, et ses affiliés afin de promouvoir le mouvement pour l'égalité fiscale.

Rosa Pavanelli, la Secrétaire générale, a appelé, lors d'un discours aux Nations Unies en mars 2013, au respect des droits des travailleurs des services publics en soulignant la nécessité de renforcement des services afin de prévoir et préparer les moyens d'intervention lors des catastrophes naturelles majeures comme des tremblements de terre ou des ouragans. L'ISP a également lancée le 8 mars 2013, une campagne « Halte aux violences contre les femmes ».

UNION NETWORK INTERNATIONAL

(Réseau syndical international)

www.uniglobalunion.org/fr

Le syndicat mondial des travailleurs du secteur des services dont le commerce, le nettoyage, la sécurité, la finance, l'imprimerie, l'emballage, la coiffure, beauté, santé privée, les NTIC, medias, jeux, postes et logistique.

Président :   Secrétaire Général :
Joe de Bruyn   **Philip Jennings**

8-10 Avenue Reverdil
CH-1260 NYON
Suisse

Tél : +41 22 365 21 00
Fax : + 41 22 365 21 21
Courriel : contact@uniglobalunion.org

HISTORIQUE

Le 1er janvier 2000, une date symbolique choisie pour le lancement d'UNI par la fusion de quatre organisations ouvrières internationales : l'Internationale de la Communication, la Fédération Graphique Internationale, la Fédération Internationale des Médias et du Spectacle et la Fédération Internationale des Employés, Techniciens et Cadres.

STRUCTURE

Le Congrès a lieu tous les quatre ans ainsi qu'une Conférence Mondiale des Femmes. Le dernier Congrès s'est tenu à Nagasaki au Japon, en 2010. Le prochain aura lieu au Cap en Afrique du Sud en 2014.

Des bureaux régionaux sont localisés à Abidjan, Bruxelles, Johannesburg, Montevideo, Singapour et Tokyo.

ACTION REVENDICATIVE

En 2010, UNI a adopté une stratégie pour « faire tomber les barrières » dans le but de développer les syndicats de ses secteurs et obtenir la « justice économique » pour les travailleurs. Se conformant à cette stratégie, tous les secteurs d'UNI entreprennent des actions pour renforcer les syndicats et gagner de nouveaux droits syndicaux ; ils mènent des campagnes de syndicalisation conjointement avec les affiliés des différents secteurs.

Le département Campagnes stratégiques, Organisation, Recherche et Formation d'UNI intervient en appui à ces travaux. DHL, WalMart, Prosegur et Deutsche Telekom sont parmi les entreprises ayant récemment fait l'objet de campagnes pour le développement de droits syndicaux. UNI soutien activement les campagnes de syndicalisation de ses affiliés dans au moins 50 pays.

Afin de promouvoir ces actions, UNI valorise ses affiliés qui luttent pour le développement de leurs syndicats. Des récompenses ont récemment été discernées au syndicat turc Tez-Koop-Is, qui a réussi à obtenir sa reconnaissance officielle après avoir recruté près de 60% des employés de Tesco, le syndicat argentin FAECYS, qui a recruté 1 000 membres dans les centres d'appel, lui permettant de gagner le droit de négocier avec deux multinationales ; et le syndicat néerlandais, FNV Bondgenoten, qui, après neuf semaines d'action industrielle, a obtenu une revalorisation des salaires de 3,5% pour les agents de nettoyage.

En avril 2013, UNI a signé son 48ème accord-cadre international dont les géants de la sécurité G4S et Securitas, les magasins de mode H&M, le sous-traitant du nettoyage ISS et Banco de Brasil.

UNI coordonne une campagne mondiale pour les droits des travailleurs et des syndicats au sein de WalMart. UNI a obtenu un statut d'observateur et championne la cause de la protection des employés de WalMart en Afrique du Sud. En Inde, UNI et des ONG ont ensemble, combattu l'arrivée de WalMart sans lui imposer des conditions permettant de protéger les communautés locales et les travailleurs ; UNI apportant l'éclairage de son inobservation du droit du travail ailleurs dans le monde. En octobre 2012, l'Alliance Mondiale des Syndicats (des travailleurs) de WalMart est née à Los Angeles permettant à UNI de soutenir la première grève en 50 ans d'existence de l'entreprise.

Le thème du Congrès au Cap en 2014 est « Avec vous » embrassant les notions de développement syndical, de promotion d'une économie mondiale durable, plus juste et un monde où les emplois de qualité, de négociation collective et de protection sociale seront les clefs du succès dans la lutte contre un marché du travail global de plus en plus volatile.

ENTRETIEN AVEC PRAKASH BARAL

Prakash Baral, Président du syndicat des employés Ncell au Népal, nous dit comment son organisation tire parti de son adhésion à UNI.

Votre adhésion à une fédération syndicale internationale a-t-elle déjà permis de résoudre plus rapidement un conflit avec une entreprise ou un gouvernement ?

Nous avons eu plusieurs fois des situations où UNI nous a aidé à résoudre des conflits, la plupart du temps à travers son instance régionale, APRO.

Deux situations étaient particulièrement critiques. La première, durant la fondation de notre syndicat, UNI a joué un rôle important en nous aidant à convaincre les travailleurs à s'unir et à faire reconnaître le syndicat par la direction.

La seconde, au cours de la négociation de notre Convention Collective en 2009, une grève a été évitée grâce au soutien d'UNI/UNI APRO qui a su orienter nos débats de façon plus positive. Nous avons bénéficié de leur coaching et expérience internationale qui nous ont appris à raisonner plus largement. Durant ces négociations, nous avons également bénéficié de l'accompagnement de syndicalistes suédois et finlandais, toujours grâce à UNI/UNI APRO.

Ton syndicat, a-t-il soutenu des campagnes de votre fédération syndicale internationale dans d'autres pays ?

Pas directement mais nos succès sont transmis et partagés dans d'autres pays comme la Moldavie et le Cambodge. UNI nous a fait rencontrer un syndicat moldave et nous sommes aux cotés de nos camarades cambodgiens qui syndiquent les travailleurs de Smart Mobile ; le tout avec le soutien et la coordination d'UNI APRO. L'année dernière, leur syndicat a été reconnu. Nous apportons notre soutien et enthousiasme à la campagne d'UNI pour le développement syndical et l'organisation des travailleurs de Teliasonera dans d'autres pays.

Pensez-vous que l'adhérent lambda de votre syndicat est conscient de votre appartenance à une fédération syndicale internationale ?

Oui, ils sont au courant de notre adhésion à UNI. Nous communiquons avec eux via des courriels intra-entreprises à propos de nos différentes actions avec UNI. Tous nos membres sont fiers de faire partie d'UNI.

A part les campagnes, comment votre syndicat a-t-il pu tirer profit de son adhésion au mouvement ouvrier international ?

Lors des tractations avec notre direction, il est très positif pour nous de nous sentir intégrés au mouvement ouvrier international. Nous avons reçu de l'aide de différentes façons, créant un environnement favorable. A travers UNI/UNI APRO, nous avons été les hôtes de réunions avec des syndicats finlandais et suédois, qui sont des syndicats des sièges sociaux de nos entreprises, et qui nous ont fortement encouragés à aller plus loin. UNI/UNI APRO nous a proposé des cours de formation nous permettant de développer nos compétences dans le domaine de la négociation et l'élaboration d'accords collectifs. Une grande partie de son soutien consiste à construire une solidarité entre travailleurs, ce qui renforce réellement nos liens avec les employés.

ORGANISATIONS INTERPROFESSIONNELLES INTERNATIONALES

CONFEDERATION SYNDICALE INTERNATIONALE

ITUC CSI IGB

www.ituc-csi.org/?lang=fr

Président :
Michael Sommer

Secrétaire Générale :
Sharan Burrow

Boulevard du Roi Albert II, 5, Bte 1
1210 Bruxelles
Belgique

Tél : +32 (0)2 224 0211
Fax : +32 (0)2 201 5815

Courriel : info@ituc-csi.org

HISTORIQUE

La Confédération Syndicale Internationale est fondée à Vienne (Autriche) en 2006 par la fusion de la Confédération internationale des syndicats libres (CISL) et la plus petite Confédération Mondiale du Travail (CMT) ainsi que d'autres syndicats jusqu'à-là non-affiliés.

Les premières tentatives de création d'une organisation mondiale datent d'avant la Première Guerre Mondiale, lorsque des syndicats des pays européens se sont réunis en vue de former un Secrétariat International. Comme la plupart des organisations ouvrières, il a cessé de fonctionner après 1914. Dans l'après-guerre, il renaît sous forme de la Fédération Internationale des Syndicats, de tendance social-démocrate (FIS).

Les affiliés à la FIS représentaient 24 millions de membres entre les deux guerres – européens en majorité – avant que les régimes fascistes ne commencent à persécuter et à détruire les syndicats. La Seconde Guerre Mondiale empêcha l'organisation de fonctionner, tout comme son prédécesseur.

En 1945, la Fédération Syndicale Mondiale est formée. Elle devait réunir des syndicats des pays communistes et non-communistes dans une seule organisation, à l'instar des Nations Unies.

Mais alors que le Rideau de fer se fermait et la Guerre Froide s'installait, les différences idéologiques ne pouvaient plus être ignorées. Les syndicats libres ont éprouvé des difficultés à fonctionner avec des organes essentiellement sous contrôle étatique comme en URSS. Un point d'achoppement fut le Plan Marshall, vu comme une tentative des Etats-Unis de consolider son influence en Europe.

En 1949, la plupart des centrales ouvrières occidentales a quitté la FSM pour créer la Confédération Internationale des

Syndicats Libres. Parmi celles-ci, le TUC britannique, la CISL italienne et les deux syndicats américains, AFL et CIO. Une minorité, dont la CGT française, est restée à la FSM.

La CISL a pu rapidement franchir les frontières européennes de son prédécesseur, affiliant deux centrales indiennes et plusieurs syndicats brésiliens. Durant la Guerre Froide, elle a défendu les valeurs du syndicalisme libre contre les dictatures de toute sorte, intervenant en faveur des travailleurs aussi bien en Europe de l'Est qu'en Espagne, où l'UGT luttait clandestinement contre le pouvoir fasciste.

A la fin de la Guerre Froide, des syndicats de tendance communiste ont rejoint la CISL, notamment la CGT française en 1995. COSATU, la centrale sud-africaine s'y est affiliée malgré les débats qui font encore rage en son sein à ce propos, certains de ses affiliés ayant rejoint la CMT.

STRUCTURE

Depuis son Congrès fondateur en 2006, la CSI a réuni son second Congrès à Vancouver (Canada) en 2010. Le prochain aura lieu à Berlin en 2014. Le Congrès élit un Conseil Général de 78 membres dont 70 sont élus sur des bases régionales, 6 par le Comité des Femmes et 2 par le Comité des Jeunes.

Le Conseil Général élit un Comité Exécutif de 25 membres, qui traite des affaires courantes entre deux réunions annuelles du Conseil.

La CSI collabore avec les fédérations syndicales internationales au sein du Conseil des Syndicats Mondiaux qui prépare des déclarations de politique syndicale qui sont publiées et présentées à des organismes tels que le Fonds Monétaire International.

Il existe, à présent, quatre structures régionales en Europe, Asie Pacifique, les Amériques et l'Afrique. Le Président et le Secrétaire Général ne peuvent venir de la même région.

La CSI possède également cinq structures transversales : Campagnes, Égalité, Finance, Politiques et Droits syndicaux.

ACTION REVENDICATIVE

La CSI a mené la campagne "Play Fair" (Jeu égal) conjointement avec l'IBB et IndustriALL afin de braquer les projecteurs sur les conditions d'emploi des travailleurs au préalable aux événements sportifs de haut niveau comme les Jeux Olympiques.

L'année dernière, la CSI a lancé sa campagne « 12 sur 12 » afin de presser les gouvernements à ratifier la convention n° 189 de l'OIT sur le travail domestique. Applicable à partir de septembre 2013, la convention a récemment été signée par l'Uruguay, l'Italie et les Philippines grâce aux pressions syndicales.

Depuis 2007, le 7 octobre a été désigné Journée Mondiale du Travail Décent. En 2012, des actions significatives ont eu lieu en Indonésie, Myanmar (Birmanie), Bulgarie et Sénégal à propos de l'emploi des jeunes.

Chaque année, la CSI publie son rapport sur les violations des droits syndicaux dans le monde. Ce guide, sous forme de fiches-pays, est une ressource précieuse pour les militants et ONG luttant contre la répression antisyndicale. Pour chaque pays pour lequel des informations sont disponibles, le rapport décrit les conditions d'exercice des activités syndicales, les abus, arrestations et violences dont les syndicalistes sont victimes aux mains des employeurs, ou des états, ainsi que les changements législatifs restreignant l'action syndicale.

La CSI a récemment lancé une publication en ligne en Anglais, Français et Espagnol, titrée « Equal Times » (Temps Égaux). Le magazine est composé d'actualités et d'analyses syndicales, et promeut les campagnes internationales.

COMMISSION CONSULTATIVE SYNDICALE AUPRES DE L'OCDE

www.tuac.org/fr

La voix des travailleurs auprès de l'Organisation de coopération et de développement économiques

Président :
Richard Trumka

Secrétaire Général :
John Evans

15 rue Lapérouse
75016 Paris
France

Tél : +33 (0) 1 55 37 37 37
Fax : +33 (0) 1 47 54 98 28
Courriel : tuac@tuac.org

HISTORIQUE

La Commission Consultative Syndicale fut fondée en 1948 pour apporter l'éclairage des syndicats sur le déroulement du Plan Marshall. Depuis la création de l'OCDE en 1961, la CCS est leur voix auprès de cette organisation.

STRUCTURE

Le Secrétariat de la CCS est composé de cinq permanents politiques et trois administratifs. Les personnels politiques sont chacun, responsables d'un certain nombre de domaines d'activité aussi variés que le changement climatique, les fonds de pension, les migrants, l'emploi et l'éducation.

La CCS se réunit en session plénière deux fois l'an ; l'ensemble de ses affiliés étant invités. Ces réunions déterminent la politique, les priorités et le budget de la CCS. Les participants élisent un Comité Administratif composé de représentants des affiliés, un président, un vice-président et un secrétaire général.

ACTION REVENDICATIVE

La CCS rencontre divers comités et instances de l'OCDE, ainsi que les gouvernements membres, afin de présenter les points de vue et les politiques du mouvement syndical. Elle est responsable, en collaboration avec la CSI, de l'apport des syndicats aux sommets internationaux comme le G8 ou le G20. L'OCDE consulte également la CCS lors des réunions de ministres des états membres.

Avec la CSI et l'ISP, la CCS a mis en place un réseau anti-corruption nommé UNICORN, qui observe les phénomènes de corruption et agit pour la protection des donneurs d'alerte qui exposent de telles pratiques.

CONSEIL DES SYNDICATS MONDIAUX

Le Conseil des Syndicats Mondiaux (CSM), établi en 2007, rassemble les FSI, la CSI et la CCS. Ce n'est pas une organisation mais un outil pour encourager la coopération entre les organisations du mouvement ouvrier international. A cette fin, la CSM a créé des groupes de travail sur des sujets comme la migration et les services publics, ainsi qu'un groupe spécifique d'observation en Birmanie/Myanmar. Son site Internet comporte des liens vers l'ensemble des accords-cadre signés par les FSI.

Bien des déclarations élaborées par la CSI et la CCS à l'intention des instances telles le G20 ou la FMI sont publiés sous les noms des Fédérations Syndicales Internationales pour souligner cette unité.

Le Conseil a son siège à Bruxelles. Il est coordonné par Jim Baker, son Président est Ambet Yuson, Vice-président, Jyrki Raina et sa Secrétaire Générale, Sharan Burrow.

Global Unions
International Trade Union House
Boulevard du Roi Albert II, 5
1210 Bruxelles
Belgique

www.global-unions.org/?lang=fr
Courriel : jim.baker@global-unions.org

L'INSTITUT MONDIAL DU TRAVAIL

Dave Spooner, GLI Royaume-Uni

L'Institut Mondial du Travail est un réseau international d'organisations liées par un objectif commun : promouvoir la solidarité entre les organisations syndicales et groupements assimilés afin de parvenir à une société mondiale durable et démocratique.

Préférant employer son acronyme anglais, GLI[11] encourage et développe l'éducation, l'égalité, la construction de compétences, la recherche sur le développement du mouvement syndical international et des stratégies de syndicalisation. D'obéissance sociale-démocrate, le réseau GLI travaille en étroite collaboration avec les fédérations syndicales mondiales, les syndicats nationaux, les associations de travailleurs, agences de développement, institutions de recherche et institutions de formation ouvrière.

Le premier institut est né en 1997 à Genève, présidé par Dan Gallin, autrefois secrétaire général de l'UITA. Des GLI ont également été créées à l'Université Cornell à New York et à Manchester (R.-U.), composant le réseau GLI, ensuite rejoint par le Centre Praxis de Moscou et deux GLI à venir, en Bulgarie et en Grèce.

Agissant indépendamment, les GLI sont unis dans leur analyse partagée des défis à surmonter par le mouvement ouvrier. Cette analyse constate que la mondialisation de l'économie a conduit à une augmentation significative du pouvoir des entreprises transnationales agissant de concert avec les gouvernements dans un néo-libéralisme omniprésent,

---

[11] GLI pour Global Labour Institute se prononce comme "glee" signifiant une joie insolente.

entraînant exploitation et oppression, dénégation de la valeur du travail et des droits de l'homme, aggravation de l'inégalité des sexes, destruction de l'environnement et montée de diverses formes de fascisme et des guerres.

Les GLI sont également unis dans leur engagement à soutenir le mouvement syndical international afin de faire pencher la balance du pouvoir mondial en défaveur des gouvernements et des entreprises transnationales, et en faveur d'une société mondiale démocratique et durable. Ils visent à faciliter cette tâche par la sauvegarde de l'histoire du travail et le renforcement de l'identité du mouvement ouvrier, en inspirant des nouveaux programmes et des visées politiques pour le mouvement syndical en coopération avec des associations et organisations assimilées, incitant au développement des organisations syndicales mondiales et en facilitant la construction de réseaux de solidarité entre syndicats et groupes aux vues similaires de la société civile.

Les GLI conduisent la recherche et créent des publications en conformité avec leurs objectifs. Ils organisent des activités éducationnelles avec des partenaires syndicaux nationaux et internationaux, facilitant les rencontres et les réseaux entre organisations semblables afin d'encourager l'élaboration de programmes d'actions collectives. En 2012, le GLI R.-U. a tenu sa première Université d'Été pour le mouvement syndical international, atteignant un objectif clé de la fondation des GLI. L'Université d'Été a réuni des syndicalistes du monde entier pour débattre de ce que sont, et de ce que devraient être, les orientations politiques du mouvement syndical international, encourageant ainsi une vision politique renouvelée.

L'Université d'Été 2013 a eu lieu à Northern College au Royaume-Uni, et des événements similaires à Athènes et Manille.

www.global-labour.org

CENTRE INTERNATIONAL POUR LES DROITS SYNDICAUX[12]

Daniel Blackburn, Directeur

Depuis sa fondation en 1987, la mission fondamentale du Centre International pour les Droits Syndicaux (CIDS) est de défendre et améliorer les droits des syndicats. Cette mission est décrite dans les statuts de l'organisation :

- défendre et élargir les droits des syndicats et syndicalistes partout dans le monde,

- recueillir des informations et accroître la sensibilisation aux droits syndicaux et leur violation,

- entreprendre ses activités dans l'esprit de la charte des Nations-Unies, de la Déclaration Universelle des Droits de l'Homme, les conventions de l'Organisation Internationale du Travail et des traités internationaux appropriés.

En poursuivant ses objectifs, le CIDS a gagné une réputation mondiale pour son travail diligent et son expertise technique et juridique. En 1993, le CIDS s'est vu accorder une accréditation à la fois, par les Nations-Unies et par l'OIT.

Notre travail comprend :

- la promotion et la défense des droits syndicaux dans le cadre des droits de l'homme,

- le partage d'information et le conseil,

- la fourniture de services légaux, techniques et de recherche,

- des projets de promotion des droits syndicaux.

---

[12] En Anglais : International Centre for Trade Union Rights (ICTUR)

Nos compétences principales sont la législation du travail, les relations industrielles et les droits de l'homme. Des avocats, syndicats et ONG des droits humains y participent. Le bureau international est une plaque tournante des droits syndicaux. Plus de 50 syndicats nationaux sont affiliés au CIDS ainsi que des ONG, des instituts de recherche et des associations d'avocats. Le CIDS jette un pont entre ces domaines et rassemble une expertise légale sans égale en ce qui concerne le droit syndical international.

Le CIDS est politiquement indépendant. Ses activités sont supervisées à travers des structures internationales, dont son Comité Exécutif, les avocats séniors et les syndicalistes qui exercent un pouvoir de direction sur l'organisation ; son Conseil d'administration, qui propose les travaux du CIDS à l'examen et au débat publics ; son Comité Éditorial, un forum de discussion académique.

L'une de nos activités les plus connues est celle d'édition d'ouvrages sur les droits du travail. Vous avez peut-être vu notre carte mondiale des droits syndicaux, disponible en consultation gratuite sur notre site Internet, et qui peut désormais être repérée, punaisée aux murs de bureaux syndicaux autour du globe. Ou vous avez peut-être lu notre journal « International Union Rights » qui entame sa vingtième année de publication. Étant lu dans plus de 100 pays, le journal a gagné une réputation de source majeure dans les débats du syndicalisme mondial.

Il y a un peu plus d'un an, en décembre 2011, les forces de l'ordre ont tiré sur des grévistes de l'industrie pétrolière au Kazakhstan, faisant 12 morts et des dizaines de blessés. En août 2012, 34 grévistes sont morts et des dizaines blessés dans le massacre à Marikana en Afrique du Sud. En Europe, des droits syndicaux ont été démantelés sous la pression de la troïka FMI/UE, alors qu'en Grèce, la répression des protestations sur le terrain a escaladé en 2013 lorsque la police a obligé les travailleurs à rejoindre leurs emplois.

En addition, les travailleurs ont subi l'assaut des employeurs sur la fondation même de leurs droits, quand, à la Conférence de l'OIT en juin 2012, ils ont dénié la base légale du droit de grève en quittant un comité clé, effectivement fermant l'une des structures-corps de l'OIT chargées de l'observation des violations des droits syndicaux.

Le CIDS a recherché, rédigé des rapports et répondu à chacun de ces cas.

Les droits restent gravement menacés dans des pays tels que la Colombie et la Turquie, où le CIDS a accompli des projets de soutien des droits syndicaux à long terme. Mais la situation globale d'hostilité croissante nécessiterait l'intervention urgente du CIDS dans de nombreux autres pays sur des questions légales et techniques diverses.

Quand la branche à Gibraltar du syndicat Unite s'est plainte des nombreuses discriminations subies par ses adhérents marocains, le CIDS a répondu à l'appel en aidant le syndicat à analyser la situation légale.

Si votre syndicat peut s'affilier au CIDS, au niveau local ou national, votre soutien ferait une réelle différence. Nous espérons vous lire et nous sommes toujours prêts à coopérer avec des personnes et des organisations dans le monde entier.

Davantage de renseignements sur www.ictur.org (en anglais ou espagnol).

UCATT House,
177 Abbeville Road,
London SW4 9RL

Tél : +44 (0) 20 7498 4700
Fax:: +44 (0) 20 7498 0611
www.ictur.org

EXEMPLES D'ORGANISATIONS NATIONALES TRAVAILLANT AVEC LE MOUVEMENT OUVRIER INTERNATIONAL

LE TUC BRITANNIQUE

Owen Tudor dirige le service des relations internationales du TUC.

Le TUC est membre de trois organisations du mouvement syndical international : la Confédération Européenne des Syndicats (CES), la Confédération Syndicale Internationale (CSI) et la Commission Consultative Syndicale (CCS). Nous jouons un rôle majeur dans chacune d'entre elles et également dans le groupe des travailleurs à l'Organisation Internationale du Travail (OIT) et d'autres regroupements informels.

Grâce à notre participation formelle à ces instances, nous sommes présents dans bon nombre de comités et listes de diffusion, mais nous essayons de garantir une contribution plus large que les formalités n'exigent (voire encadré).

Nos liens avec les syndicats en Europe, bien entendu, visent principalement à influencer l'Union Européenne, qui fixe de façon croissante, les cadres économique et législatif du Royaume-Uni. La CES nous donne accès et une voix collective, dans les décisions devenant des Directives sur les droits du travail, des négociations bilatérales et multilatérales sur le commerce international, les lois sur l'égalité, etc.

Nous négocions également au niveau européen avec les employeurs sur des sujets comme le travail temporaire, le temps partiel, le télétravail et la maternité. Le « dialogue social » comme on l'appelle, a produit des accords que l'UE a transformé en législation, mais ces dernières années, le manque de pression politique sur les employeurs a laissé place aux accords-cadre encourageant les « meilleurs pratiques ».

Le TUC a cherché à persuader les syndicats en Europe à utiliser la CES pour développer des campagnes contre l'austérité et l'inégalité et également pour développer le droit du travail et la démocratie économique. Jusqu'à présent, les campagnes contre des législations spécifiques, telles que la directive services, ont emporté davantage de succès que les tentatives de changer le vent politique.

Sur le plan mondial, nous utilisons le mouvement syndical international comme un atrium pour travailler plus étroitement avec des organisations sœurs sur des sujets spécifiques comme la solidarité avec les syndicats colombiens (et en appliquant des leçons apprises par les syndicats américains à propos des accords de libre échange entre les Etats-Unis et la Colombie sur les négociations de l'UE sur des affaires similaires).

Sur des évolutions mondiales comme le changement climatique, Philip Pearson, un permanent du TUC, a présidé durant plusieurs années, le réseau environnement de la CSI qui développait la politique et coordonnait l'action [ouvrière] sur les négociations au sein des Nations Unies, assurant ainsi que les mesures de « juste transition » soient incluses dans les textes préparatoires des gouvernements.

La campagne pour une taxe Robin des Bois (taxe Tobin) est un sujet de préoccupation pour les syndicats britanniques qui veulent rééquilibrer l'économie et relever les salaires afin de réduire les réductions des services publics. Grâce au mouvement ouvrier européen, nous avons pu obtenir le soutien de 11 états-membres pour une telle taxe, et travailler avec des collègues de la CSI à Washington DC afin d'influencer la réaction du FMI qui passa d'hostile à neutre et au-delà grâce aux évidences présentées par le lobby syndical.

Nous sommes également présents dans des groupements ad-hoc composés d'organisations ouvrières sous l'égide de la CSI, qui servent à coordonner la solidarité internationale aux travailleurs dans des pays comme le Fidji, l'Iran et le Swaziland.

Les travaux sur Fidji, par exemple, ont impliqué un petit groupe de centrales syndicales nationales et des fédérations internationales, acceptant d'entreprendre le gros œuvre, planifiant par téléconférence des actions qui sont ensuite déroulées aux groupes plus larges, mettant la pression sur le régime à travers l'OIT, des protestations devant les ambassades, et des leviers syndicaux stratégiques au sein des multinationales.

Nous avons également employé ces tactiques pour faire interpeller directement les Ministres des Affaires Étrangères en Australie, Nouvelle-Zélande, aux Etats-Unis et au Royaume-Uni (qui opèrent un « quatuor » fidjien) par les organisations syndicales de ces pays.

Fidji et Swaziland sont, bien entendu, aussi membres du Commonwealth. La CSI réunit annuellement un Groupe syndical du Commonwealth à l'OIT qui s'intéresse de plus en plus à des initiatives de solidarité, tout en servant de lobby auprès du Commonwealth lui-même, y compris à travers les réunions biennales des chefs de gouvernements où la délégation syndical côtoie la société civile et les ministres des différents pays.

Le TUC travaille avec la nouvelle centrale syndicale unie du Swaziland, TUCOWSA, dans le cadre d'une campagne pour la suspension du dernier régime féodal de l'Afrique pour son incapacité d'atteindre les normes requises par le Commonwealth en termes de démocratie et des droits de l'homme.

Les syndicats du Royaume-Uni ont également leurs propres contacts internationaux, en particulier à travers les FSI. Ainsi, le TUC est moins impliqué dans les conflits transnationaux. Mais avec l'accroissement des entreprises mondialisées, les structures syndicales internationales servent de plus en plus à créer des liens permettant aux syndicats d'interpeller des compagnies dans d'autres pays, ou à conseiller les syndicats sur le dépôt de dossiers auprès de l'OCDE sur les manquements aux codes de conduite des entreprises multinationales, comme dans les cas de G4S et Unilever.

Le G20 est un autre forum où les syndicats emploient les structures internationales pour maximiser leur influence. Au préalable à chaque sommet G20, une équipe de dirigeants syndicaux des vingt pays, dont le Royaume-Uni, rencontre l'hôte et les participants ainsi que les chefs des institutions internationales telles que le FMI, l'OMC[13] et bien entendu, l'OIT.

Connu par les dirigeants mondiaux sous le terme irrévérent de « speed-dating », ces rencontres coordonnés de dernière minute avec des dirigeants comme Dilma Roussef du Brésil, Tony Abbott d'Australie ou encore, notre propre David Cameron, représentent des mois de préparation autour d'une motion syndicale élaboré à travers la CCS. Cela fait envier les ONG qui restent à l'extérieur du G20, leurs protestations inaudibles aux dirigeants mondiaux qui ne peuvent échapper aux arguments du mouvement ouvrier, le mouvement populaire le plus large du monde.

Le rôle du TUC dans le syndicalisme international est respecté par les syndicalistes tout autour du globe. Cela n'a jamais été mieux reconnu que l'année dernière (2012), lorsque Guy Ryder, qui a commencé sa carrière au TUC comme permanent à l'international, devint le premier représentant des travailleurs à être élu au poste de Directeur Général de l'OIT.

---

[13] Organisation Mondiale du Commerce

INSTITUT BELLEVILLE (FRANCE)

INSTITUT BELLEVILLE
Cfdt: coopération syndicale internationale

http://j.mp/1idjr0I

L'Institut Belleville est l'opérateur des projets de coopération syndicale internationale de la CFDT.

L'Institut Belleville c'est aussi : 3 salariés, 1 réseau d'experts, 1 conseil d'administration qui se réunit annuellement.

4, boulevard de la Villette
75955 Paris cedex 19
+ 33 (0)1 42 03 81 37

institutbelleville@cfdt.fr

L'Institut Belleville a été créé en 1984 pour mettre en œuvre la politique de coopération internationale de la CFDT. Allant au-delà de sa participation dans les instances internationales du mouvement ouvrier, gérée par les services de la confédération, l'Institut conçoit et organise des projets de coopération pour et avec les organisations syndicales des pays émergents, en développement ou développés.

Pour répondre aux besoins des travailleurs, dans les deux hémisphères, ces projets de coopération sont conçus sous forme de partenariats.

Loin d'un simple transfert de « technologies syndicales » du Nord vers le Sud, l'Institut Belleville s'engage uniquement dans des projets de coopération basés sur les échanges et l'enrichissement réciproques.

Les projets de coopération syndicale peuvent regrouper d'autres partenaires tels que des syndicats affiliés à la Confédération Syndicale Internationale (CSI) dont la CFDT est membre, ou des ONG travaillant au renforcement de la société civile.

Ces projets doivent permettre aux organisations partenaires :

- de se structurer et de se développer afin d'être des acteurs plus efficaces, mieux reconnus et prenant toute leur place d'acteur syndical dans la mise en œuvre des politiques de développement durable ;

- de défendre efficacement les droits des travailleurs partout dans le monde ;

- d'accroître leurs capacités à participer au dialogue social et au débat tripartite, à travers de l'échange de pratiques syndicales.

L'Institut Belleville intervient sur des thématiques aussi variés que la protection sociale, la responsabilité sociale des entreprises, le développement durable, la formation professionnelle, la syndicalisation, l'égalité professionnelle, les migrations, la lutte contre les discriminations...

L'Institut Belleville bénéficie d'un financement à partir du fonds de solidarité de la CFDT, alimenté depuis 1965 par une part de la cotisation des adhérents de la CFDT. La confédération se donne ainsi les moyens de mettre en place une politique de coopération en adéquation avec ses priorités internationales et européennes.

QUELQUES RÉALISATIONS

Renforcement des compétences en management démocratique des organisations syndicales

Mieux appréhender les réalités socioéconomiques pour mieux cibler les priorités revendicatives, c'est faire du syndicalisme un véritable facteur de développement économique et d'adaptation, c'est défendre l'image incontournable d'un syndicalisme offensif et responsable.

Engagées depuis septembre 2010 dans un programme de formation action pluriannuel avec des responsables syndicaux de 12 pays africains francophones, la CSI Afrique et la CFDT ont réalisé en 2012 à Lomé (Togo) une session de travail ayant pour objectif une approche socio-économique à partir d'un questionnement sur les réalités de chacun des pays débouchant sur l'analyse des priorités revendicatives et leur prise en compte dans le cadre d'une réflexion plus générale sur la place et le rôle du syndicalisme africain.

Un programme concerté de renforcement des capacités des organisations de la société civile et de la jeunesse guinéennes est mené depuis 2008.

Soutien de l'action syndicale en matière économique pour faire du travail décent une réalité en Afrique

Au Bénin, en mars 2013, l'Institut Belleville a animé un séminaire de formation-action sur la protection sociale et l'action syndicale afin de renforcer les capacités des affiliés de la CSI Afrique en matière de protection sociale. L'objectif était de permettre aux participants d'être mieux outillés pour construire un plan d'action sur la protection sociale dans leur pays.

Travailleurs migrants

La CFDT et le Bureau international du travail ont publié un guide d'information et d'accueil des migrants. L'objectif est d'aider les personnes migrantes à mieux connaître leurs droits, leurs obligations et les structures vers lesquelles ils peuvent se tourner en fonction des questions qu'ils se posent.

Travailleurs agricoles

Inde, 2011 : se syndiquer pour améliorer les conditions de travail et défendre les droits fondamentaux au travail (avec Fédina).

Changement climatique

Ouvert à des participants du monde entier, une session pour accompagner la « transition juste » dans les pays vulnérables. Action menée en 2011 avec la Confédération syndicale internationale (CSI).

LE CENTRE INTERNATIONAL DE SOLIDARITÉ OUVRIERE (QUÉBEC)

Le CISO est un organisme de coopération syndicale mise en place par les syndicats québécois et des fédérations canadiennes.

Le CISO a réalisé des projets en collaboration avec des organisations syndicales, paysannes et de droits humains dans plusieurs pays dont : Guatemala, Haïti, Mexique, Cuba, Mali, Burkina Faso et Algérie

565, Boulevard Crémazie Est (Bureau 3500)
Montréal H2M 2V6
Québec, Canada

Téléphone : (514) 383-2266
Télécopieur : (514) 383-1143
ciso@ciso.qc.ca

Le Centre international de solidarité ouvrière (CISO) voit le jour en 1975 à la suite d' une Conférence internationale de solidarité ouvrière, afin de poursuivre le travail de sensibilisation et d'éducation amorcé. Au fil des ans, il contribue à ancrer la dimension internationale de la solidarité dans le mouvement syndical et populaire, tout en répondant aux demandes d'appui aux luttes que mènent ses partenaires du Sud.

Le CISO compte près d'une centaine de membres, essentiellement des organisations syndicales québecoises ou nationales dont la Centrale des syndicats du Québec (CSQ), la Confédération des syndicats nationaux (CSN), la Fédération interprofessionnelle de la santé du Québec (FIQ), la Fédération des travailleurs et travailleuses du Québec (FTQ) et la Syndicat de la fonction publique du Québec (SFPQ).

La mission du CISO est de développer la solidarité internationale en renforçant les liens entre les travailleuses et travailleurs d'ici et du Sud en lutte pour le respect de leurs droits, pour de meilleures conditions de travail et pour l'instauration d'une société plus juste et démocratique.

Le CISO est un lieu essentiel de convergence de l'action syndicale québécoise en matière de solidarité internationale. Il favorise la mise en commun des ressources et facilite l'échange d'informations. Il assure une certaine veille et sert de levier à l'action dans les syndicats sur les questions émergentes. Il soutient et outille ses membres dans l'animation de débats sur les questions d'actualité et dans la mobilisation sur des enjeux stratégiques.

QUELQUES RÉALISATIONS

Le CISO a, jusqu'à présent, réalisé plus d'une cinquantaine de tournées avec des invité-e-s du Sud, une quarantaine de stages de courte durée dans une dizaine de pays, une dizaine de stages de longue durée pour des jeunes, plusieurs missions d'observation, de nombreux colloques internationaux, dont trois sur la dette extérieure des pays en développement et plusieurs centaines de formations.

Tout en considérant l'éducation de ses membres à la solidarité internationale comme une priorité, le CISO réalise aussi des projets de coopération internationale avec ses partenaires du Sud. De 1995 à aujourd'hui, il a appuyé des organisations syndicales, paysannes et de droits humains dans les pays suivants : le Guatemala, Haïti, le Mexique, Cuba, le Mali, le Burkina Faso et l'Algérie.

Depuis la fin de 2003, le CISO coordonne les travaux de sa table de concertation, la Coalition québécoise contre les ateliers de misère (CQCAM).

A PROPOS DE LABOURSTART

Ce livre est publié par LabourStart, le site d'actualités et de campagnes en ligne du mouvement ouvrier international.

Nous coordonnons un réseau de correspondants volontaires et de traducteurs qui publient des liens vers des articles d'actualité et de campagnes syndicales venant de nombreux pays autour du monde.

Nous travaillons régulièrement avec les organisations listées dans ce livre, en particulier, pour la mise en ligne de campagnes pour soutenir l'action syndicale des organisations internationales ou obtenir la libération de militants.

Vous pouvez lire davantage à propos de ces campagnes dans notre livre précédent « Campagnes et victoires syndicales à l'aide d'Internet », disponible sur Amazon.

Notre site www.labourstart.fr est également une source d'informations listant par pays, les titres de presse ou de sites syndicaux. Démentant les idées reçues que les syndicats sont moribonds et peu représentatifs, il relate (partiellement) l'activité syndicale foisonnante à travers les actions entreprises au quotidien, sur le terrain.

Pour en savoir davantage, pour devenir correspondant, ou effectuer un don, visitez notre site www.labourstart.fr.

www.ingramcontent.com/pod-product-compliance
Lightning Source LLC
Chambersburg PA
CBHW060429290526
45791CB00002B/911